U0728026

SANSHENG JIAOYU DE SHIJIAN TANSUO

"三生"教育的实践探索

于泽梯 著

中国海洋大学出版社

·青岛·

图书在版编目（CIP）数据

"三生"教育的实践探索 / 于泽梯著 . -- 青岛：
中国海洋大学出版社，2022. 11

ISBN 978-7-5670-3328-3

Ⅰ. ①三… Ⅱ. ①于… Ⅲ. ①德育—教学研究—中小
学 Ⅳ. ①G631

中国版本图书馆 CIP 数据核字（2022）第 213790 号

出版发行	中国海洋大学出版社
社　　址	青岛市香港东路 23 号　　邮政编码　266071
出 版 人	刘文菁
网　　址	http://pub.ouc.edu.cn
电子信箱	1774782741@qq.com
订购电话	0532-82032573（传真）
责任编辑	邹伟真　　　　电话　0532-85902533
印　　制	青岛中苑金融安全印刷有限公司
版　　次	2022 年 11 月第 1 版
印　　次	2022 年 11 月第 1 次印刷
成品尺寸	170 mm × 230 mm
印　　张	7
字　　数	98 千
印　　数	1～500
定　　价	39. 00 元

发现印装质量问题，请致电0532-85662115，由印刷厂负责调换。

自　序

　　青岛市崂山区第十一中学(以下简称十一中),坐落于风景秀丽的华楼山脚下,创建于 1965 年,是一所农村初级中学。在 50 余年的办学历程中,学校发扬"厚德、团结、求真、创新"的十一中精神,以校训"为明天准备民族素质"为引领,传承了"奉献、进取、博学、真爱"的优良校风。十一中从一所仅有几间简陋平房的山区薄弱学校发展到青岛市首批教学示范校、山东省规范化学校、全国生命教育百佳示范学校,教育教学质量稳步提升,为国家和社会培养了大批栋梁之材。

　　每年的 6 月份,当毕业生参加完毕业典礼走出校门的时候,我目送着他们青春洋溢的背影,常常深思:初中这三年,除了课本知识,学校到底给了他们什么? 我们为他们的未来生活和幸福人生做了什么? 很多年以后,学生回首初中生活时,是否会对母校充满留恋和感激? 反观现在的初中生,生活条件和学习环境十分优越,却每每因为课业负担重、厌学、网游成瘾、理想信念缺失、自护能力差、亲子矛盾等放弃学业,甚至个别初中生将自己的宝贵生命终结在美丽的花季,这让我们这些教育工作者和家长倍感心痛。我经常反问自己:我们的教育到底缺少了什么? 是否遵循了教育规律? 是否把育人为本、立德树人放在了首要和根本的位置上?

　　痛定思痛,学校领导班子几经论证,逐步达成共识:生存教育、生活教育、生命教育(简称"三生"教育),特别是生命教育,势在必行、刻不容缓! 我们认

1

为:作为初中生,应该先学做人、做事,后学知识、做学问,做人比做题重要,成人比成才重要,成长比成功重要。

在陶行知先生的生活教育理论以及朱小蔓、肖川的生命教育理念的引领下,我校的"三生"教育办学思路日渐明晰:学会生存——为幸福人生奠基;体验生活——为未来生活做准备;理解生命——让每个生命都精彩。经过几年的探索实践,学校的三生教育体系日臻完善:打造"三生相伴"的德育品牌,构建"三生有幸"的课程体系,培育"充盈着理解尊重与爱的学习型大家庭"的学校文化,打造"五环"生命化高效课堂,营造学校、家庭、社会三位一体的"三生"教育生态,构建"让每个生命都精彩"的精细化管理与评价体系,等等。

"三生"教育内涵丰富,我们实践探索的时间比较短,经验成效也不足,加上编者水平所限,本书存在一些错误和不足,敬请各位读者批评指正。

于泽梯

2022 年 6 月

目　录

第一章
"三生"教育概述

　　办让人民满意的教育,是新时代赋予学校的历史重任。在现代教育理论的引领下,十一中经过精心提炼50余年的学校文化,形成了鲜明的"生存教育、生活教育、生命教育"即"三生"教育办学特色:学会生存——为幸福人生奠基,体验生活——为未来生活做准备,理解生命——让每个生命都精彩。

第一节 "三生"教育的含义

"三生"教育是生存教育、生活教育和生命教育的统称。所谓"三生"教育，就是通过学校、家庭和社会的力量，使学生接受生存教育、生活教育和生命教育，树立正确的生存观、生活观和生命观的主体认知和行为过程。

所谓生存教育，就是帮助学生学习生存常识，培养生存技能，磨炼生存意志，提升自救、自护能力，树立科学生存观的教育。通过生存教育，让学生逐步学会生存，树立人与自然、社会和谐共生的科学生存观。

所谓生活教育，就是助力学生学习生活常识、掌握生活技能、主动获取生活经验、树立科学合理的生活观的教育。通过生活教育，让学生热爱生活，不断提高自理能力，最终形成既立足现实生活又着眼幸福未来的生活追求，引导学生自主、正确地选择生活、奋斗生活，为未来做好身体和心理上的充分准备。

所谓生命教育，就是帮助学生认知生命、珍爱生命、敬畏生命、润泽生命，让学生积极有效地发展生命、提高生命质量、活出生命精彩的教育。通过生命教育，使学生理解自然生命、社会生命和精神生命的内涵，树立正确的生命观，实现生命的价值，努力去增加生命的长度、宽度、厚度和高度。

总而言之，"三生"教育体系致力于满足学生生命成长和生存发展的需求，站在教育回归到文化和社会的根本需求的立场，追溯教育本源，使人了悟生命的本质、参透人生的价值、明确人生的使命，将学生生活的空间变成教育的空间，倡导学生主动参与、自主学习、乐于探究、勤于动手。让学生在学习中学会做人，在学习中学会做事，在实践过程中学会创新，在体验过程中学会发展。

教育的目的应当是向人类传递生命的气息。

——印度文学家 泰戈尔

第二节 "三生"教育的理论基础和价值取向

放眼国内与国外,"三生"教育有着坚实的理论基础和有益的实践探索。

一、生存教育的理论基础和价值取向

联合国教科文组织提出"教育的四个支柱"之一是"学会生存",其认为:教育应当促进每个人的全面发展,即身心、智力、敏感性、审美意识、个人责任感、精神价值等方面的发展。

学会生存,包括三个实践层面:第一,学会自我保护,以保证正常的生存状态;第二,学会劳动、学会竞争、学会应变,以增强生存能力;第三,学会审美,以提高生存质量。

在国外,美国是重视并较早实施生存教育的国家。对学生进行理财教育和让学生学会独立思考是美国生存教育的重要内容。德国也比较重视生存教育,教育学生节约能源是主要内容。日本的生存教育,以对青少年生存意志的磨炼为主。

二、生活教育的理论基础和价值取向

我国教育家陶行知先生认为,"生活教育是以生活为中心之教育""生活教育是给生活以教育,用生活来教育,为生活向前向上的需要而教育"。陶先生的生活教育三原则之"生活即教育",是其生活教育理论的核心内容。陶行知认为,教育必须引导人过好生活,而好生活的内容包括健康的生活、劳动的生活、科学的生活、艺术的生活、改造社会的生活、创造的生活,健康、科学、劳动、艺术及民主构成的和谐的生活。

"社会即学校",主要阐释了学校和社会的关系。陶行知主张,学校可以自由有选择地吸纳社会中有益的成分。

"教学做合一"是生活教育理论的方法论,他认为"事怎么做便怎么学,怎样学便怎样做,教与学都以做为中心"。

我国生活教育是以生活为中心,以实现社会的福祉为目的。换言之,凡是

否定或反对生活教育理论的教育,其价值取向都是功利的,都是以培养"人上人"为目标的应试教育,而不是以培养"人中人"为目标的素质教育。

三、生命教育的理论基础与探索

美国从1928年开始就开展"死亡教育"(生命教育的一部分),后转为"生死教育"。美国学者杰·唐纳·华特士于1968年提出:学校教育不应该只是训练学生谋取职业或获取知识,还应该引导他们体验人生的意义,帮助他们做好准备,迎接人生的挑战,这一教育目标只能通过"为了生命的教育"来实现。

我国生命教育从20世纪90年代开始。1999年,钱巨波发表了《生命教育论纲》。他认为,生命教育的终极目标是培养人热爱人生、珍视生命,塑造健全的人格,充分开发人的生命潜能和人生智慧,为受教育者实现人生的最大价值——社会价值、个人价值奠定基础。

我国最早制定出台有关生命教育的文件是2004年辽宁省颁布的《辽宁省中小学生命教育专项工作方案》。随后,2005年上海市颁发了《上海市中小学生命教育指导纲要》,2006年湖南省颁发了《湖南省中小学生命与健康教育指导纲要(试行)》。随后几年,黑龙江、吉林、江苏、云南、广东、河北等省份先后颁布了开展生命教育的指导性文件,我国的生命教育进入了大发展阶段。一批学术成果、生命教育教材和生命教育研究机构雨后春笋般涌现,为生命教育在全国范围内的扎实推进提供了理论和实践上的有力支撑和有效借鉴。

生命教育研究机构主要有以下几个。2008年,浙江传媒学院成立的生命学与生命教育研究所和吉林省教育科学院成立的生命与安全教育研究中心;2010年,由肖川领衔的北京师范大学生命教育研究中心成立,后发展成立北京生命教育科普促进会,每半年举办一次全国生命教育年会和生命教育高峰论坛,建立了专门的网站——中国生命教育网,由曹专担任主编;2013年,中国陶行知研究会成立了生命教育专委会,朱小蔓先生兼任理事长,刘慧任常务理事长,理事会由中国海峡两岸暨香港、澳门的生命教育专家学者组成。

四、我国生命教育主要专家及观点

张文质,"生命化教育"的首倡和实践者。他主张以生命治学问,以生命统摄教育,以生命成全每一个具体、健全的生命为旨归的教育理念,其生命化教育的关键词有:生命化、教育—让生命在场、点化或润泽生命等。

肖川,我国生命教育的开拓者之一。他认为,生命教育就是对应试教育、就业教育、技能教育等仅仅服务于学生的生存竞争的教育的摒弃和超越,是引导学生珍爱生命、敬畏生命、感恩生命、享受生命的教育。

刘慧,我国生命德育论的创始人。她认为,关爱生命是生命教育的核心所在,生命立场的生命教育内容主要包括三个维度,生命之真、生命之善、生命之美。

朱小蔓认为,人的生命是身、心、灵相互联结、依存并相互转化的统一体。关爱生命就必须关注个体生命的自我经验。

2010年7月29日公布实施的《国家中长期教育改革和发展规划纲要(2010—2020年)》明确提出"学会生存生活""重视安全教育、生命教育、国防教育、可持续发展教育",我国的生命教育从此开始上升为国家教育战略的高度。处理好学生知识增长与生命成长之间的关系,是我国生命教育的核心问题,而解决这一问题的关键在教师。因此,"三生"教育的健康推进,要求教师既要教书更要育人育心,每名教师都应该是学生的生命导师。

生命教育,就是让教育回家,就是让每个生命成为最好的自己。

——中国教育学会 原副会长朱永新

第三节 "三生"教育的基本原则

"三生"教育是致力于为学生幸福人生奠基、为未来生活做准备、让每个生命都精彩的素质教育体系,具体有以下几个基本原则。

一、坚持人本性原则

实施"三生"教育,必须以学生的发展为宗旨,注重学生的全面可持续发展,把学校的各项工作与学生的自由、平等、公正、幸福相结合,让教育助力学生成长、成人、成才。

二、坚持科学性原则

实施"三生"教育,要针对学生的生活实际,在内容上注重循序渐进,采用灵活多样的途径和方法,突出主体性。

三、坚持体验性原则

践行"三生"教育,必须坚持体验式成长的思想,让学生站在主位,在亲自动手、动脑的体验中习得知识、培养技能、夯实基础、绽放生命。

四、坚持开放性原则

践行"三生"教育,要批判性地借鉴人类已有的文明成果,因校制宜,以课堂为主阵地,服务社区,紧扣生活,联系家庭,树立大教育观、大课堂意识、大教科书理念。

五、坚持激励性原则

"三生"教育的对象是青少年学生。在教育过程中,要力求尊重学生的人格和尊严,让他们在实践活动中体验"三生"教育的乐趣、探究的魅力和收获的喜悦。

六、坚持创新性原则

在学习吸收已有经验成果的前提下,通过践行"三生"教育,不折不扣地贯彻党的教育方针,守正出新,助推素质教育在理念、内容、方式、方法以及评价等各方面的创新。

教育就是激发生命、充实生命，协助孩子们用自己的力量生存下去，并帮助他们发展这种精神。

——意大利教育家　蒙台梭利

第四节 践行"三生"教育的必要性和紧迫性

一、践行"三生"教育,有助于解决当前我国青少年面临的诸多现实问题

当前我国青少年面临的现实问题主要有以下几大类。

第一类是缺乏生活生存的基本技能和安全常识,自救、自护能力差。

第二类是当代很多青少年缺乏理想信念,没有明确的人生奋斗目标,消极生活,追求享乐主义,好逸恶劳,觉着生命没有意义和价值。

第三类是生命的困惑和生命障碍问题堪忧。近些年轻视生命、残害生命的现象层出不穷,这包括轻视残害自己及他人的生命,也包括随意虐杀流浪猫狗等动物。

以上现实问题,如果学校和家庭不引起足够重视,也不做出及时有效的应对,青少年的生命悲剧将会频频上演,而实施"三生"教育是解决上述问题的有效途径。

二、践行"三生"教育,有助于促进青少年学生的全面发展

国家教育方针要求学校五育并举,培养学生的核心素养。核心素养分为三大部分,细化为六大素养,即人文底蕴、科学精神、学会学习、健康生活、责任担当、实践创新。而"三生"教育完全契合"五育并举"和学生核心素养的内容和要求,助力学生学会生存、体验生活、润泽生命,关注学生成长、成人、成才的全过程,致力于全体学生的健康、全面、可持续发展。

三、践行"三生"教育,有助于形成教育合力,构建平安和谐文明校园

建立现代学校制度需要统筹社会、家庭和学校各方的力量,实现依法、自主、开放、民主办学。学校经常发生的各类安全事故、校园欺凌现象以及学生的各种不文明行为,严重影响学校的形象,也不利于学校的全面和谐发展。"三生"教育以生存教育、生活教育和生命教育为内容和途径,目的就是教育和引导学生如何正确地处理好个人与他人、个人与集体、个人与社会以及个人与自然的关系,这是构建平安和谐文明校园的必然要求,也是实现学生身心两健、人与自然和谐共生、人与社会和谐相处的必然要求。学校教育要想得到健康、和谐、可持续的发展，必须积极统筹家庭和社区的力量，家校携手，充分利用好政府、社区、企业等资源，构建立体化的教育网络，形成教育合力，对学生进行全方位的正面管教和体验熏陶。这样优化了学校的内部管理和周边外部环境，让学生的生存技能、生活本领和生命质量不断提升，营造平安和谐的文明校园。

教育不是传授已有的东西，而是要把人的创造力量诱导出来，将生命感、价值感唤醒。

——德国教育家 斯普朗格

第二章
培育"三生相伴"的德育品牌

清华大学谢维和教授曾说过:"当今教育最大的不幸就是德育和智育分离"。应试教育形势下的学校德育是说起来必要、做起来次要、忙起来不要、出了问题却最重要。

德育为首、育人为本是学校教育的头等大事,立德树人永远是教育的根本任务。近年来,十一中以"让每个生命都丰润绽放"为育人目标,以打造"实意育人、三生相伴"德育品牌为抓手,不断增强德育的针对性和实效性,通过践行"三生"教育,扎实推进学生的素质教育。

50多年的办学实践,积淀了十一中"厚德、团结、求真、创新"的学校精神,确立了"为明天准备民族素质"的校训。近年来,我们结合学校实际情况又提出了"特色鲜明、质量稳定、区域领先、省市知名"的办学目标。学校"三生"教育办学特色日益凸显,教育教学质量稳步提升,办学声誉与日俱增。学校"三生"教育办学经验多次被《青岛教育》《山东教育报》《齐鲁晚报》、新华网、《中国教育报》等媒体报道,学校领导在2014—2016年的全国生命教育年会和2014年的山东省素质教育论坛上做了典型发言。

近年来,十一中进一步明晰工作思路,倾心打造"三生相伴"的德育品牌,促进了学校各项工作的长足发展。

第一节 "三生相伴"德育品牌解读

德国哲学家康德说过,教育就是"使人成为人",就是由一个纯自然属性的人成为一个具有社会属性乃至精神属性的人。我国著名作家、教育家叶圣陶说过,教育就是习惯的养成。在人的生命历程中,诚实、仁慈、宽厚、勇气、自由、正义、平等、忠诚等优良品格是指引人的生命绽放光彩的保证。笔者认为,"人"字的结构一撇一捺,先撇后捺。一撇象征着人的"德",生命不息、修身进德就不止;一捺代表着"才",生命不息、求知增才应不停,德才兼备方为人才。要成为一个大写的"人",必须以德为先,德才兼备。综上所述,德育工作应是学校排在第一位的且是紧迫、重要的任务,应该全员、全程、全方位地抓紧、抓实、抓好德育工作,旗帜鲜明地实施生命化德育。

"三生相伴",就是通过学校、家庭和社会三方的教育力量,使学生接受生存、生活、生命教育,树立正确的人生观、世界观、价值观的知行过程。我们认为,学会做人、学会生存是前提和基础,体验生活、热爱生活是途径和关键,珍爱生命、丰润生命是根本和目的。让"三生"教育的理念和成果相伴学生终身,助力学生成长、成人、成才、最终走向成功,活出人生的意义和价值。

我们培养学生的目标首先是让学生身心健康、人格健全,在此基础上才能培养出志存高远、基础扎实、素质全面、特长明显的优秀学生。

学会生存,才能领略生命的长度;幸福生活,才能扩展生命的宽度;珍爱并丰润生命,才能达到生命的高度。这三个方面涵盖了人生、人文、人性,为学生的幸福人生奠定坚实基础。

教育,为未来生活做准备。

——英国哲学家 斯宾塞

第二节　生命化德育的实施途径

培育"三生相伴"德育品牌,必须实施生命化德育。何谓生命化德育?生命化德育就是基于热爱生命、尊重生命、点化生命、丰润生命的思想品德教育。我们认为,实施生命化德育的途径主要有:开发开设校本德育课程(核心),打造生命化、生活化长效课堂(主阵地),实现德育的全学科教学渗透(主渠道),建设亦师亦生的新型师生关系(关键),营造生命化的育人环境(重要保障)。

一、开发"三生"教育的校本德育课程是核心

课程是一所学校理论和实践相结合的媒介和桥梁,永远占据着学校教育的核心地位。打造"三生相伴"的德育品牌,实施生命化的德育,必须有相对完善的课程做支撑。我校自主开发的"三生"教育校本德育课程:初一年级侧重实施生存教育,初二年级侧重进行生活教育,初三年级侧重推进生命教育。"三生"教育有机渗透在学校的各项教育教学活动中,寓教于乐,潜移默化地为学生的精彩人生导航。

学校自主开发了"三生"教育校本德育教材,常年开设道德教育、公民教育、理想教育、幸福教育、养成教育、诚信教育、青春期教育、感恩教育、环境教育、法治教育、安全教育等"三生"专题教育。

"学会生存"课程主要包括生存知识篇、逃生技能篇、养成教育篇、礼仪教育篇等模块。开设这些课程主要让学生先做好自我保护,让"安全第一、健康第一、生命至上"的理念相伴学生一生。在此基础上还要让学生们学会做人做事的基本常识和道理。

"体验生活"课程主要包括生活常识篇、生活技能篇、幸福教育篇、生活目标篇、青春期教育篇等模块。

"理解生命"课程,主要包括理想教育篇、心理健康篇、死亡教育篇等模块。

二、打造生活化、生命化的长效课堂是主阵地

课堂永远是学校德育工作的主阵地。为此,我校积极打造基于生活化、生

命化的长效课堂。何谓生活化、生命化长效课堂？我们认为生活化、生命化长效课堂，必须坚持课堂教学与生活的有机联系，教师必须将丰富的现实生活引入课堂，让学生可以自由平等地与教师和同学讨论对话。生活化、生命化长效课堂必须以学生为本，尊重学生的主体地位。教师在课堂上要关注教室里每一个个体生命，做到"目中有人"。课堂气氛应该是充满生命节律的，呈现出生气勃勃、张弛有度的状态。学生应交流热烈，讨论积极，师生互动，生生互动，是生成的课堂，愉悦的课堂，从而让每一个学生都能过上一种自由愉悦的学习生活，实现教师以生命影响生命，以生命陶冶生命。课堂教学过程应该是生命被激活、被发现、被尊重、被激励、被欣赏的过程。课堂上是一种积极向上的愉悦的情感体验。总而言之，生活化、生命化长效课堂，应该是生本性的、生成性的、生动性的、生长性的课堂。填鸭式的课堂，脱离生活实际的课堂，只有预设没有生成的课堂都不算生活化、生命化长效课堂。生活化、生命化长效课堂，是基于为了每一个学生未来生存和发展的课堂，而不是只关注眼下考试成绩，仅仅为掌握知识而教的课堂。

为此，学校远赴重庆市江北中学、长沙市第三十七中学、东北师范大学附属中学、江苏省苏州第十中学等全国生命教育名校，近去青岛市即墨区第二十八中学、山东省青岛市第四十四中学等学校观摩学习课堂教学改革，结合我校实际，独创了我校"学、议、教、练、思"的"五环"教学模式。特别值得一提的是"思"这一环节，要求所有教师充分挖掘本学科和每课时的德育因素，教给学生做人、做事的基本常识和道理，有效落实情感态度价值观的育人目标，扎实体现课堂教学在德育中的主阵地作用。这种以自学为前提，以导学案为载体，以小组合作学习为手段，以多元发展性评价为激励机制的教学模式，体现了"让每个学生都动起来、课堂活起来、教育效果好起来"的教育目标。"五环"教学模式让我们的课堂重新迸发出生命活力，学生的三维目标和生命质量都显著提高。通过打造生活化、生命化长效课堂，教师的专业化成长实现了质的突破：诞生了我校第一个全国优秀教师、第一个山东省特级教师、第一个省优质课比赛一等奖、第一个国家级一师一优课等。

三、整合学科资源是落实生命化德育的主渠道

德育要想扎实有效,必须做到全员、全程化,所以,在学科教学中有机渗透德育是生命化德育的主要途径。

(1)在各学科教学中,大胆整合学科资源,让"三生教育"渗透在学科教学中。例如,与语文学科整合,突出了个性化、生命化阅读和生活化作文。2015年,我校荣获全国生活化作文大赛优秀组织奖,学校"年轻的风"文学社被评为"全国优秀校园文学社"。与体育学科整合,增强学生的生存意志和生存能力等;与生物、物理、化学学科整合,提高学生的动手实践能力,增强生存生活及创造技能;与艺术学科整合,增强学生欣赏美和创造美的能力,提高学生的生活、生命质量。

(2)把"三生"教育与学校心理健康教育紧密结合起来。我校一直把心理健康教育当作"三生"教育的重要组成部分来抓,助力学生认识自我、完善自我,培养学生敬畏生命、珍爱生命的意识。

学校建立了"温馨驿站""幸福小屋",以理论教育、案例分析、典型示范、心理咨询等多种方式培养学生的自我调节能力和疏导能力。学校多次举行团体拓展训练、青春期心理讲座、"五二五"心理活动月等活动,在心理健康辅导中,采取单个问题以班为单位进行疏导,共性问题由全校统一进行辅导的方式,这种方式收到了很好的效果。

四、营造生命化的育人环境是实施生命化德育的重要保障

我们认为,营造生命化的育人环境是实施生命化德育的重要保障。学校高度重视"三风"建设,在传承学校优良传统的基础上,优选和培育先进文化,弘扬主旋律,营造环境育人的独特氛围。我校还精心设计和组织开展内容丰富、形式多样、吸引力强、寓教于乐的校园文化活动。根据学生个性发展需求,开设丰富多彩的菜单式的社团活动。

(1)打造"三生"教育校园文化。学校先后建起了生存教育长廊、生活教育长廊、生命教育长廊、安全教育长廊、国学教育长廊、法治教育长廊、海洋教育长

廊、科技教育长廊、知名校友励志长廊等,让学生时刻感受到"三生"教育和学习的榜样就在自己身边,形成一种浓厚的文化氛围,达到"润物细无声"的效果。

（2）调试外部环境,携手社区,家校共育。苏联著名教育家苏霍姆林斯基说过,教育的效果,取决于学校和家庭教育影响的一致性。最完美的教育应是学校与家庭紧密结合的教育。家庭是孩子人生的第一所学校,家庭教育可以影响孩子一生的发展。为此,在实施生命化德育的过程中,需要学校不断优化调试育人环境,充分发挥家校社三方协同育人的作用,逐步形成生命化德育三方的合力,最终构建起学校—家庭—社会立体化的生命化德育网络。我校通过家长学校、社区大课堂等多种途径,积极引导家庭和社会参与培养青少年健康的生活习惯,人和自然和谐相处的能力和积极的生活态度,让青少年在立体化教育网络中随时随地成长、成人、成才。

加强校园周边的综合治理,时刻做好安全保障工作。高度重视并加强学生的安全教育工作,营造良好的育人环境。近年来,学校多次邀请法制副校长、交警中队、派出所、蓝天救援队等领导专家到校开展安全讲座活动,每月举行一次安全主题的应急演练活动,提高学生的自救自护能力。学校先后获评青岛市平安和谐校园,崂山区唯一一家"健康山东——全民健康促进示范学校",青岛市交通安全示范学校、青岛市 AAA 级健康校园等称号。

五、开展寓教于乐的专题活动是实施生命化德育的主要抓手

我们一贯认为,生命在于运动,学校在于活动。青少年活泼好动,其动手能力、模仿能力、接受新生事物的能力都很强。开展一些中学生喜闻乐见、寓教于乐的主题活动是实施生命化德育的有力抓手。

1.因地制宜,开展研究性学习,多项成果获奖

《樱桃红了》获青岛市研究性学习成果一等奖。

《国学教育对中学生综合素质提高的影响》获青岛市研究性学习成果一等奖。

《创新实验的有效尝试》获青岛市研究性学习成果一等奖。

王媛同学获山东省第四届初中生创新实验大赛一等奖。

《北宅农家宴的发展现状及建议》获青岛市研究性学习成果一等奖。

2. 精彩纷呈的每月节会活动,贯穿整个学年

3月份有体育节,4月份有国学节和劳动体验,5月份有艺术节,6月份有感恩节,7～8月份有国防教育和研究性学习,9月份有社会实践活动和"三生"素质技能运动会,10月份有科技节,11月份有读书节,12月份有校园吉尼斯挑战赛。

为了践行社会主义核心价值观,弘扬传统文化,传承红色基因,每年的4月23日,伴随着国际阅读日的到来,我校都要举办国学节。每届国学节的主题都不一样,我们围绕"人生八德"为主题,即"孝、悌、忠、信、礼、义、廉、耻",教育学生堂堂正正做人,踏踏实实做事。2013年青岛市中小学清明诵读现场会在我校成功举行,既缅怀了先烈和祖先,又进行了一次很好的生命教育,得到了与会领导专家的一致好评。

每年5～6月的感恩节,结合母亲节、父亲节等话题开展感恩主题教育,让学生用感恩的心态去面对人生,助力学生立责于心,逐步达到"成雅于行"的目标。

3. 开展专题活动,践行"三生"教育

学校根据育人目标和初中生的年龄特征与心理特征,在教师的指导下,充分尊重学生的主体地位,结合实际组织开展内容丰富、形式多样、生动活泼的课外主题实践活动。整合教师、家长、社会资源,大规模开展"三生"教育体验周活动。

每学期,学校全体师生分批到实践教育基地开展生活体验活动;走进医院,做小护士;走进商场,做小售货员;走进农场,做小农民;走进军营,做小战士;走进景区,做小导游;走进饭店,做小服务员;走进集市,做小商贩;等等。

每次的体验日活动,都是学生津津乐道的话题,在彼此的交流中,收获生活的体验、生命的感悟。

六、建设亦师亦友的新型师生关系是实施生命化德育的关键

"立校必立师,立师先立德。"教师永远是学校发展的关键,也是学校教育教学的第一生产力。朱小蔓先生一直把教师的情感人文素质作为实施生命教育、素质教育和引领教师专业发展的"内质性"改变力量。肖川先生在为辽宁省本溪市第八中学的题词中说:在学校教育中,对于学生的健康成长来说,来自教师的温暖才是最重要的。教师的温暖最主要体现在对学生的理解、尊重、体恤和激励上。生命教育倡导师生之间的相互温暖,彼此成全。在这一过程中,教师起着主导的作用。可见,实施生命化德育,教师的作用十分关键。

我校特别重视构建民主、平等、尊重、和谐的亦师亦生的新型师生关系。通过铸师魂、强师德、正师风、练师功等方式,打造一支师德高尚、业务精湛、学生爱戴、家长满意的教师队伍,倡导教师身教重于言教,以生命陶冶生命,以生命丰富生命。学校每学期评选最美班主任、学生自己投票选出最喜爱的老师,我们还评选"完人"型的"五好教师"(好儿女、好媳婿、好老师、好爸妈、好公民),为学生树立做人的楷模、精神生命的榜样。

七、实施精细化的教育教学管理,为培育"三生相伴"德育品牌保驾护航

我们认为,实施生命化德育是学校的一项系统工程,离不开高效的管理做保障。为此,我校一直坚定实施精细化管理,保障了学校德育以及整个"三生"教育的务实运行。精细化管理是综合谋划、优化配置的管理,是目标明确、责任清晰的管理,是制度保障、机制推进的管理,是公信有力、执行到位的管理。

精细是一种意识,一种态度,一种理念,一种对高品位的文化追求。为了进一步提高我校管理水平,抓实抓细教育教学管理中的每一个环节,追求精致管理,实现教育质量不断提升,努力营造"细节决定成败,态度决定高度,心志决定命运,现在决定未来"的教育教学精细化管理工作氛围,努力培育细致、高效、人文、和谐的育人环境,争当人民满意的教师,办人民满意的教育,特制定学校《精细化管理提升年活动实施方案》。

（一）指导思想

以青岛市教育局、青岛市崂山区教体局年度工作要点为总揽，以强学习、促精细、创特色为途径，按照"有效教学、精细管理、内涵发展"的总体思路，立足学校的工作实际，在全校教职工中进一步强化抓常规、抓落实的意识，迅速掀起一个抓精细化管理、抓工作落实的活动热潮，不断提升学校的核心竞争力，最大限度地发挥学校现有教育资源的效益，营造健康和谐的育人环境，不断促进我校教育教学质量进一步提升和安全文明校园创建工作的内涵发展，努力实现我校办学质量和办学水平的新跨越。

（二）管理目标

树立精细化意识，实施精细化管理，重视质量监控，提高教育质量。

高度重视教学工作。牢固树立为教育教学服务的思想，定期召开全体教职工会议，研究讨论提高教育教学质量的措施，提出改进工作思路和方法，努力提高教学质量。

坚持育人为本，各项工作坚持落实"三个一"要求，即做到一个"严"字（严格要求），坚持一个"常"字（常抓不懈），力求一个"实"字（落到实处）。

通过精细化管理活动的开展，学校领导班子要成为"团结务实，勇于创新，工作认真负责、主动及时、精细高效"的领导队伍，教职员工要成为"爱岗敬业、乐于奉献、勤于学习、自觉读书、求实求精、求活求新"的工作队伍，学生要成为"文明守纪、积极上进、课堂有纪律、课下有秩序、对人有礼貌、心中有他人"的全面型学生，校园要建设成为一个"地上无纸屑、墙上无刻画、门窗无破损、校内无杂草、卫生无死角"的育人阵地，力争逐步创建"平安、快乐、书香、和谐"的校园。

通过开展精细化管理，实现人人都管理、处处见管理、事事有管理的管理目标，推进学校教育教学工作再上新台阶，实现"靠精细化管理出效益、向精细化管理要质量"的终极目标。

（三）具体内容

1.学校行政管理

（1）制定切合实际的学校发展三年规划和教职工培训三年规划,从学校的办学方向、办学宗旨、办学目标、管理举措等各方面提出严密、细致、具体可行的要求,做到职责明确、规范完善。

（2）修订学校各项具体工作计划、方案、管理制度等要做到细致入微,把可能出现的情况及处理办法都考虑进去,经过反复论证、民主审议之后再予以实施。对经过讨论修订的各类工作职责、管理和考核办法、制度,要统一打印下发,做到人手一册。

（3）健全组织管理网络,全面实施"四线"管理。一是以"校长—教导主任、政教主任、总务主任—包级领导"为主线的行政管理系统,其工作职能是:全面负责学校各项工作的管理。二是以"教学副校长—教导处—教研组长—任课教师"为主线的教学管理系统,其工作职能是:负责学校的常规教学管理,包括教学常规检查、教育科研、校本课程开发与建设、教师的业务培训和教育教学评价等。三是以"政教副校长—政教处（团委）—班主任—学生干部"为主线的学生管理系统,其工作职能是:负责学校的学生管理,包括对学生的思想政治教育、心理健康教育、良好习惯的养成、一日常规管理、安全工作、团队活动的开展、学校的宣传工作、校园文化建设、检查评估各年级、班级的德育、体育、卫生等工作。四是以"总务处—班主任—各功能室、后勤服务"为主线的总务管理系统,其工作职能是负责学校的总务后勤工作,包括校产和设施的管理与使用、学校的美化与绿化、后勤服务等。四线管理分工不分家,协调配合,紧密协作。

（4）加强领导班子建设。学校班子人员要争当学习楷模,争当师德标兵,争当教学骨干、教改先锋,以先进的教学理念、高尚的人格魅力、精湛的教学技能和高效的教学业绩,指导和引领学校教育教学工作快速、持续、健康发展。在平时的工作中,要主动作为,坚持深入教育教学第一线,包好一个班级,蹲好一个教研组、教好一门课程。在群众中要起表率模范作用,努力做教职工的益友,体现精细化管理人性化的一面。同时,倡导干部白天听—看—干、晚上读—思—写,在检查、督促的同时掌握第一手素材,为工作的决策提供依据,实现学校的有序运转。

2.教师队伍管理

(1)细化教职工管理制度。以新修订的《教职工管理办法》为依托,进一步修订完善学校的《教职工绩效考核方案》《教学管理实施细则》《教职工考勤制度》等学校管理制度、教学管理制度、学生管理制度等。加大对工作业绩、工作量、出勤、常规工作等方面的考核力度,使学校的各项工作制度化,工作目标具体化,检查反馈程序明确,量化考核科学合理。

(2)全力培养高素质的教师队伍。以校本培训为主要途径,使一大批青年教师成长为骨干教师、学科带头人、骨干班主任,调动和发挥他们的主动性和积极性。一要狠抓教育观念转变,使广大教师树立以学生发展为本,为学生终身发展奠基的教育理念,树立正确的教育观、人才观、学生观和质量观,着眼于人的全面发展、主动发展、和谐发展。二要狠抓师德建设,切实提高教师素质。通过开展"五好教师""学生最喜爱的教师"等评选活动,推动师德建设深入开展,使全校教师树立忠诚和献身教育事业的职业情操。三要优化师资队伍。采取走出去学习,请进来辅导,坐下来研究等方式,分层次精准培训教师,着力抓好"青蓝工程"和"名师工程"的实施,使不同层次、不同类别教师的内在潜能得到充分发挥,最大限度地实现其自身价值,使教学骨干不断出现,成为学校教育教学工作的中坚力量。

(3)努力寻找制度管理与情感管理的切入点,努力做到以事业留人,用情感留人。一是要广泛调研,集思广益,着力解决学校在发展规划、重大决策、群众反响强烈等方面的问题,为学校发展把握方向。二是要妥善解决学校工作中的热点、焦点问题,公正、公平,不徇私情。三是要实施民主管理,广泛听取群众的意见和建议,充分调动广大教师的工作积极性。四是要多进职工门,勤问职工事,关心职工的生活,解决职工遇到的困难和问题,消除职工的后顾之忧,着力为职工营造舒适、舒心的工作环境与氛围,使他们安心工作。

3.教育教学管理

提高教学质量是落实精细化管理的终极目标。因此,细化教学管理制度、落实精致教学、精细管理的要求,使教学工作有条不紊,循序渐进,方能取得最大的效益。

(1)以人为本,逐步修订完善教学管理制度。在教学管理制度建设方面,学校坚持以人为本、开放、创新、发展的观念,力求做到制度健全、内容充实,要将教学管理逐步细化为教学思想管理、计划管理、过程管理、评价管理、教科研管理、教学行政管理等几个方面。

(2)抓实教学过程管理,全面提高教学质量。一要抓课程设置管理。贯彻国家及省市要求,开齐课程,开足课时。特别是要加强音体美、地校和综合实践等课程的管理,以课程开设的高质量,促进学生全面发展和教学质量的全面提高。按设置的课程表进行学科教学,做到执行课表不占、不挤、不调。严格落实"阳光体育",确保学生每天1小时体育活动时间的落实,做到每班有特色,每生有特长,促进学生全面加特长发展。

二要抓课堂教学过程的精细化管理。课堂教学是落实教学管理,提高教学质量的核心环节,全体教学人员都要把抓好课堂教学作为提高教学质量的根本放在心上,抓在手上。在课堂教学中,要充分关注学生发展,要深入挖掘学生潜力,积极采用"先学后教"的教学模式,让课堂焕发生命活力,让课堂成为提高能力的演练场。要持续践行学校已经形成的"学议教练思"的"五环"教学法,切实将课堂教学改革工作抓在手上,落实在行动上,努力探索适合我校校情、符合学生实际、体现学科特点的新观念、新思想、新教法。

三要在优化课堂教学上下功夫。①优化教学目标。②优化课堂结构。坚持"三为主"(以学生为主体,以教师为主导,以训练为主线)。③优化教学方法。着力于诱导,变苦学为乐学;着力于引导,变死学为活学;着力于疏导,变难学为易学。④优化教学环境。讲求教学语言的艺术化,师生关系的融洽化,课堂管理的科学化,教学手段的现代化。努力把握课堂教学改革的原则,即把数量降下来,把质量提上去,把方法教给学生,把时间还给学生。要狠抓教与学效率的提高。教师要做到关注学生学习态度,关注课堂开放性题的落实,关注学生错误思维。教师要精选习题,增强课堂指导的针对性,布置作业要体现探究性、层次性、开放性、操作性,最大限度地减轻学生课业负担。

四要加强教学常规检查。采用随机抽查和集中检查相结合的方式,坚持每天抽查一个班级、一门学科的作业、教案,每周找一名教师和一名学生谈话,每月进行一次教案、作业检查,每学期进行一次教案、作业展评,推行超前一周备课、教案签字审批、"问题"回查及跟踪督察制度。

五要落实听课、评课、说课、赛教制度。校长每学期听课不少于 30 节,班子成员不少于 20 节,一般教师不少于 15 节。实行推门听课、随机听课,坚持有听必评,有评必改和回听、回查、回访制度。课后评课要从三方面入手:本节课优点或亮点,本节课的不足或缺点,本节课的意见或改进建议。

(3)抓实教研活动的管理,提高教师教学水平。一是教研组要切实发挥职能作用,积极组织引导教师,坚持开展好每周一次的教研组活动,积极组织教师开展"自备—集备—上课—反思—再实践"的活动,持之以恒地开展"聚焦课堂"教学活动,着力开展"1+2"活动,即班子成员包一门薄弱学科,培养一名优秀教师;骨干教师承担一项课题研究,指导一名青年教师;教师帮扶一名学困生、一名贫困生。通过持续不断地开展课堂教学达标、教学基本功大比武、骨干教师交流课、优质课、优秀案例评选等系列活动,鼓励教师树立敢想、敢创、敢试的创新精神。实施"青蓝工程""名师工程""领导带教"等活动,鼓励优秀、青年教师脱颖而出。

二是教学人员要大力开展"反思自己的教学"活动。在每堂教课之后要深入反思:要教给学生什么,教给了学生什么,有什么疏漏,该如何改进。通过开展教研活动,使每位教师做到精心备课、精心组织课堂教学、精心教学反馈,努力提高课堂教学效率,既教书又育人,不断更新教育教学观念。

三是教导处要抓薄弱学科、薄弱环节教学的精心组织和考核。采用随机抽查与集中检查相结合的方式,切实加强教学常规环节落实情况的检查与督导。要把推门听课,随机听课作为一项日常工作,放在教学管理工作之首,切实落实一日课间三巡、一周一抽查、一月一普查等常规管理制度,加大对课堂教学事故的督查处理,不断规范学校教学秩序,提高常规质量。着力推行教学开放周活动。把4月和9月的最后一周定为教学开放周,邀请学生家长进入校园,深入课堂,参与教育教学管理、活动的全程,广泛吸纳各类意见和建议,促进教师成长、学生成才、学校发展。

(4)抓实师生考核管理,充分调动教学积极性。开展对教师的评价,目的在于促进教师专业化成长,以满腔热情投身教育事业。学校要据实建立一套全面评定教师业绩的体系,力争评价的多元化,切实做到评价考核公平、公正、准确。对学生的评价坚持自评、小组内同学互评、任课教师评价、家长问卷评价和班主任的综合评定相结合,坚持激励性原则,有利于学生情感、态度、价值观的形成,有利于更好地推进素质教育。

(5)继续推行教师聘任制、绩效工资制,实现岗位管理和合同用人,盘活用人机制。

4. 班级学生管理

(1)健全德育管理网络。向学生管理要质量是"以人为本"教育理念的具体体现。政教处和团委要充分发挥主观能动性,深入调研我校学生管理方面存在的突出问题,据实制定翔实的德育教育计划。加强班主任队伍建设,提高班主任工作水平,营造"人人都是德育工作者"的育人氛围。加强家校联系,互通情况,努力构建学校、家庭、社会三位一体的德育教育管理网络。

(2)抓好学风建设。紧紧扣住学校已确立的办学思想和办学目标,尊重学生的成长规律和身心特点,围绕校风、教风,致力于形成"博学审问、明辨慎思、尊师律己、勤奋乐学、惜时善思、质疑求是"的学风。不断创新管理教育载体,利用各种集会、法定节日、传统节日、纪念日等,开展形式多样的主题教育,通过各类活动的开展,帮助和教育学生明确学习目的,端正思想,勤奋上进,认真完成学习任务和学校的各项活动任务。

(3)抓好养成教育。要始终坚持求真务实的管理作风,继续深化落实"行为求美、人性向善、特长发展、精神充实、心灵和谐"的德育目标。全力打造"书香班级、爱心班级、自治班级"。着重从学生良好的礼仪习惯、生活习惯、学习习惯、品德习惯的培养来提高学生综合素质。在教育方法的使用上重点围绕行为训练法、榜样示范法、个案研究法、情感熏陶法等四种方法来进行探讨,研究课堂教学活动中如何培养学生的良好学习能力、学习习惯、学习品质,实现养成教育课题化、课堂化。在养成教育管理上,讲究不拘一格、百花齐放,不断推出在实施养成教育工作中典型的班级、教师和学生,促进每一个学生充分、全面、和谐、健康的发展。

（4）提高学业成绩。尊重学生的个体差异,落实分层教学、分类推进和托底培优工作机制,使不同层次的学生都能学有所得,使不同智力的学生都能进得来、留得住、学得好。激发学生的学习兴趣,加强学法指导,提高学生的学习成绩,通过对成绩优秀、特长突出、品德良好、讲究卫生、行为规范等学生的大力表彰和奖励,激励学生好学上进。

（5）关爱学生成长。关心、关爱每一位学生,尤其要重点关注贫困生、学困生、行为偏差生、心理障碍生、单亲子女、留守子女、孤残儿童等特殊学生群体,积极落实帮扶资助政策和措施,加强心理辅导和疏导,保护学生的合法权益;落实"两操两课两活动",着力培养学生的独立思考能力、创新能力和社会实践能力,充分发挥学生的组织能力和参与管理能力,展示和发展学生的特长。

（6）强化"星级学生"评选活动。德育处要继续修订完善学校现行的"星级学生"评选及表彰奖励办法,增添新的评选项目,在表彰奖励方面,不但要表彰奖励"五星学生",更要表彰奖励"五星家长",着力营造"人人看先进,学先进,争先进,是先进"的良好育人氛围。

5. 安全管理

（1）强化安全责任意识教育和教育教学活动中的安全管理,分层签订安全工作责任书。

（2）安全教育常抓不懈。学校充分利用课间操、国旗下讲话、主题班会、家长会、每天放学前等对师生进行消防安全、场地设施安全、教学仪器药品安全、车辆交通安全、饮食卫生安全、防雷防电、防毒防溺安全、教育教学活动安全、校园治安安全、学生心理健康安全等方面的安全教育。真正做到"时时讲安全、人人重安全、事事保安全"。

（3）加强安全隐患排查处置力度。总务处要不定期地对学校设施重点部位的安全工作进行排查整改，建立突发事件应急机制，切实消除安全隐患。坚持教师值日（周）制度，扎实做好课间巡查、重点时段护送和行政巡查清校工作。

（4）健全安全领导小组，明确分工。制定学校安全工作紧急预案，重大、突发事件汇报制度和处置预案，经常开展科学避险演练，增强学生自救自护的知识和技能，确保安全工作无疏漏。

6. 总务后勤管理

后勤精细化管理的中心和主题就是节约型学校的建设。总体要做到日查、周结、月清。把学校日常管理划分为校园管理、校产管理、水电供给、食堂、绿化等板块，实行专人负责。

（1）水电节约管理。总务处要建立一套精细的水、电管理制度，切实加强水、电管理。对各班、处室、个人的用电、用水设备定期、不定期检查，既要确保水、电（路）畅通，使用方便，也要讲求随手（按时）关闭，节约水电。

（2）文印节约管理。严格执行学校有关文印、复印的规定，本着精简、节约、实效的原则，认真做好文印记录；文印人员每月月底须将当月的文印情况（用纸、油墨等）报至总务主任处，便于采购管理。

（3）公物管理。各班级、处室、个人要切实保护好各项公物。开学初，总务处要将各班级、处室、个人的公物造册登记，要明确责任，一旦损坏、丢失要追究相关责任人的责任。每半学期要进行公物检查一次，随时公布检查情况，及时处理责任人员。

（4）食堂管理。认真执行《食品卫生管理制度》等食堂工作规定，确保从正规渠道进货购物，食堂各项工作严格按食品卫生规程操作。总务处要每天对食堂卫生进行检查，学校领导要坚持对食堂工作进行抽查，一经发现违规操作，立即制止并追究相关人员的责任，必要时要予以经济处罚，以示惩戒。

（5）物资采购、发放管理。物资采购要按照有关采购手续上报,经批准后方可进行采购。物品采购后要先入库上账,经保管员、采购员签字后方可报校长签字报销。物品发放必须签字登记。总务处要定期清点物资,做到见物登记,分账、总账完善。

（8）图书、仪器、电教设施、体育器材的管理。建立一套精细的图书、理化生、电教设施、体育器材人员管理制度,加强对现有图书、仪器、设备的使用管理,使其真正发挥应有的教学辅助作用。

7. 校园文化管理

经过近年来的努力,我校在校园文化建设方面已初步形成了以生命教育为主的特色,但还要与时俱进,注入新的气息。一是要在现有各种文化氛围营造的基础上,再次进行合理规划,进一步创造性地加以补充完善。二是要建立个性化的班级文化,确立班训、班歌、目标等,把我校的办学宗旨、办学理念、校训、校风、学风、素质教育目标等内容渗透到班级文化建设的各个层面,为学生的个性化发展提供动力。三是要继续办好校报校刊,为师生搭建成长和交流的舞台。四是要积极创设条件,制定方案,力争早日创建省级以上平安和谐校园、书香校园、文明校园、绿色校园、节约型校园等的创建工作。五是要强化宣传,加大对外宣传推介力度,积极向省市县媒体投稿,及时报道、报送能够展现我校师生风采,反映我校特色工作的图片、影像、文字资料,提高学校的知名度和美誉度。

（四）具体要求

1. 精细分层分块管理,提高工作实效

班子成员、中层管理人员及骨干教师要充分发挥工作的积极性和创造性,管好自己所分管的每一块工作,既要讲求实效,更要讲求时效,要当好领头雁,从而全面提高学校整体工作的实效。

2. 精细队伍管理,增强队伍育人能力

建立师德师风长效机制,坚持开展教师职业道德教育和纪律作风整顿活动。严肃查处违纪违规行为,表彰先进,激励后进,激励教师积极工作,努力奉献。

3. 精细校园环境管理,创建和谐校园

校园环境管理是学校管理的重要环节,涉及学生的一日常规,校园的环境卫生,教师的办公环境,校园文明用语,教室、食堂的管理,后勤保障,等方方面面。只有把这些工作做细了,做实了,校园才会显得更有序、更文明、更和谐。

4. 精细育人管理,提高教育水平

(1)精细育人队伍,构建好"教导处-班主任-教职工-家庭"一体的德育网络,形成人人教育人,处处教育人,事事教育人的良好育氛围。

(2)落实、细化班级量化考核制度。从小事抓起,从普通的行为抓起,从养成教育抓起,培养学生良好的行为习惯,推动学生自主管理,促进良好校风、班风的形成。

(3)精细安全管理。落实安全管理的各个环节,做实安全防范的各项工作,全保安全事故"0"记录。

(4)精细德育。开展生动活泼、形式多样的德育专题活动,培养学生良好的情操。

5. 精细教学管理,打造"三生"愉悦高效课堂

(1)精细教学常规管理,提升教学效益。精心设计导学案,努力做到教学统一、和谐。每次大型教学评估后,教导处都要组织召开反馈分析会,分析到科到课,分析到事到人,对教学效益异常的班级要建立预警机制。

(2)精细课改方案,增强教学的针对性。继续坚持学科带动、整级推进、多科辐射的课改指导思想,持续优化教学目标、课堂结构、教学方法和教学环境。

6. 精细后勤管理,服务广大师生

(五)实施步骤

我校的"精细化管理提升年活动"分下面三个阶段进行。

1. 全面动员,自查反思

(1)思想发动。分层次召开会议,全面学习学校校务委员会精神,吃透精神,把握实质,通过广泛的宣传发动,真正把教职工的思想认识统一到落实"精细化管理提升"会议精神上来。

（2）制定方案。召开学校教育教学工作精细化管理行政会议以及职工动员会,拟订《崂山十一中"精细化管理质量提升年"活动实施方案》（以下简称《方案》）。各处室、各年级、各学科要对照标准要求,拿出各自工作的精细化实施计划。动员广大师生积极投身到开展"精细化管理质量提升年"活动中来,并结合自己工作实际,进行自查反思,形成人人开始深反思、抓细节、促质量的浓厚氛围。

（3）开展研讨。紧紧围绕我校教育教学工作中存在的突出问题,结合各自的工作实际,组织教职工开展"精细化管理质量提升年,我该怎么办"的主题研讨活动。通过研讨,进一步明确工作思路,明晰工作措施,明确奋斗目标,形成人人思管理、个个抓管理的工作格局。

2. 制定细则,落实管理

各处室、各年级、各学科按照学校《方案》认真组织实施。主要是要按照学校精细化管理的重点内容及具体要求,结合各自的工作方案、计划,对各自的管理、教育教学工作进行全面梳理,在反思查摆问题的基础上,制定翔实、具体的改进措施,并扎实落实细节,开展工作。各职能部门要不定期地开展督察,对措施不具体,落实不到位,改进力度不大的人和事进行重点帮扶。

3. 交流总结,形成经验

对我校开展精细化管理质量提升活动情况进行全面总结,形成总结报告。对在本次活动中做出突出贡献,取得优异成绩的人和事予以表彰奖励,对发现的问题要继续进行销号整改,同时要将发现的亮点、培育的典型、成功的做法在区、市以上媒体予以宣传报道。

（六）保障措施

（1）加强领导,明确分工。为切实加强对精细化管理工作的组织领导,学校成立精细化管理质量提升年活动领导小组,由于泽梯校长任组长,切实保障学校精细化管理工作的有效实施。

（2）提高认识，人人参与。精细化管理工作涉及每个部门、每名教师，因此，必须充分调动广大教职工的积极性和创造力，主动参与到学校精细化管理中去。

（3）突出重点，解决问题。突出重点就是集中精力解决我校教育教学管理中的关键问题和薄弱环节。各部门都要紧紧围绕中心工作，排查自身工作的堵点、疼点和难点问题，关注细节，从小事入手，各个击破，助推学校整体管理水平的提升。在教育教学的每一个环节上，都要有明确的精细化意识，即使是最细微的部分也不能忽略，在各项工作中要有布置、有检查、有反馈、有整改。通过不断地完善优化，最终实现学校的跨越式发展。

经区市省三级推选，学校于 2014 年代表青岛市在山东省"素质教育论坛"（青岛共三所学校参加）上做了题为"践行'三生'教育，让每个生命都精彩"的典型发言。2016 年，学校在长沙全国生命教育年会上做了题为"塑造优良品格，让每个生命绽放光彩"的德育经验交流。2016 年 9 月，经崂山区教体局推选，青岛市教育局组织严格答辩，我校的"三生相伴"德育品牌脱颖而出，荣获青岛市中小学十佳德育品牌。

雄关漫道真如铁，而今迈步从头越。面对新时代德育工作的新情况、新问题、新挑战，我们将努力创新德育思路，探索德育模式，在常规中抓落实，在特色上做文章，在创新上找动力，把德育工作融入学校教育教学的各个环节，走出一条特色德育、和谐德育之路，倾心完善我校的"三生相伴"德育品牌，为党育人，为国育才。

优质自己是个体生命的最佳状态。做好眼前事、手边事是基本层面，做最好的自己是高级层面，追求卓越、不断挑战生命极限是最高层面。

——中国教育家　刘慧

附录一：《三生教育》校本教材（节选）

生存篇

第二课 健康成长

一位妇女发现三位蓄着花白胡子的老者坐在家门口。她虽不认识他们，但她仍然热情地说："我不知道你们是什么人，但各位也许饿了，请进来吃些东西吧。"但他们却说："我们不能一起进屋！"，其中一位老者指着身旁的两位解释说："这位的名字是财富，那位叫成功，而我的名字是健康。"接着，他又说："你可以和你家人讨论一下，看你们愿意让我们当中的哪一个进去。"妻子回去将此话告诉了丈夫。丈夫说："我们让财富进来吧，这样我们就可以黄金满屋啦！"妻子却不同意："亲爱的，我们还是请成功进来更妙！"他们的女儿在一旁倾听，她建议："请健康进来不好吗？我们全家人身体健康，就可以幸福地享受生活、享受人生了！"丈夫对妻子说："听我们女儿的吧，去请健康进屋做客。"

于是妻子出去说："请问哪位是健康？请进来做客。"健康起身向她家走去，但另外两人也站起身来，紧随其后。妻子吃惊地问财富和成功："我只邀请了健康，但为什么你们两位也随同而来？"两位老者道："健康走到什么地方，我们就会陪伴他到什么地方，因为我们根本离不开他。如果你没请他进来，我们两个不论是谁进来，都很快会失去活力和生命的。所以，我们到哪里都会和他在一起！"

想一想：

这个故事给了你什么启示？

你知道怎样才能拥有健康的身体吗？

健康是生存的基础

有人曾做过这样一个形象的比喻：健康是"1"，事业、金钱、名利等都是后面的"0"。如果没有健康这个"1"，其他条件再多也是"0"。的确，在人类社会里，健康是每个人生存和发展的基础。没有这个基础，人的生存就会陷入困境，学业难以坚持，事业无法完成，更不可能拥有幸福美满的生活。

你有没有意识到自己最大的财富就是健康？那什么是健康呢？世界卫生组织（WHO）对健康做了明确的定义：健康是指生理、心理及社会适应三个方面全部良好的一种状况，而不仅仅是指没有生病或者体质健壮。

小知识

健康的十条标准：

1. 充沛的精力，能从容不迫地担负日常生活和繁重的工作，而不感到过分紧张和疲劳；

2. 处世乐观，态度积极，乐于承担责任，事无大小，不挑剔；

3. 善于休息，睡眠好；

4. 应变能力强，能适应外界环境中的各种变化；

5. 能够抵御一般感冒和传染病；

6. 体重适当，身体匀称，站立时头、肩位置协调；

7. 眼睛明亮，反应敏捷，眼睑不发炎；

8. 牙齿清洁，无龋齿，不疼痛，牙龈颜色正常，无出血现象；

9. 头发有光泽，无头屑；

10. 肌肉丰满，皮肤有弹性。

如何促进身心健康

我们知道了什么是健康，那如何才能拥有健康呢？

第一，树立保健意识，预防疾病。

疾病是威胁人类健康的最大敌人。20世纪50年代以后，心脑血管疾病、糖尿病和癌症等开始占据主导地位，对人的生命构成了重大威胁。然而就其对人类的伤害性以及给人类带来的恐惧来说，对人类构成威胁的各种疾病中，影响最大的仍然是流行性传染病。

直到今天，传染病仍然威胁着人类的健康和生命。这些传染病主要有肺结核、疟疾、麻疹、痢疾、艾滋病，以及肺炎、流感之类的急性呼吸道感染性疾病。近30年来，地球上新发现的传染病已经超过30种，成为一次又一次造访人类的"不速之客"，接二连三地侵扰人类的平静和安宁。

为了预防和减少疾病对我们的危害，我们应该树立良好的保健意识，如养成良好的卫生习惯，不吸烟、不喝酒、接种疫苗、定期进行健康体检等，万一生病要及时治疗。

第二，合理膳食，适当运动。

合理膳食可以帮助我们获取身体生长所需的各种营养。除了要做到食物合理搭配、营养均衡外，我们还应该养成良好的饮食习惯，如吃好早餐、吃零食有节制、少吃快餐食品、少喝碳酸饮料等。

"生命在于运动"是一句大家耳熟能详的至理名言。人体犹如一部机器，一生在不停地运转，不能等"机器"老了才维修、保养，而人体最好的保养方法就是运动。适当运动是增强体能、提高身体免疫力、促进健康的有效方法。对儿童和青少年来说，有规律的运动具有促进发育的作用。我们应该养成勤于运动、科学锻炼身体的好习惯。

第三，调节情绪，平衡心态。

俗语说得好，"笑一笑十年少，愁一愁白了头""笑口常开，青春常在"。这些话道出了一个深刻的科学道理：人的情绪和健康有着十分密切的关系。人生在世，不如意事常八九，如果稍不如意就耿耿于怀，拿不起、放不下，这对身体危害很大。

增强社会适应能力

现在我们独立生活的能力还不够强，很多事情都离不开父母和老师的帮助。但终将有一天，我们要步入社会，开始独立生存，所以每个人都应学会自立自强，学习必要的生存本领，为适应社会、迎接人生挑战做好充分准备。

为了更好地适应社会环境，我们需要在以下方面加以努力。

（1）学会正确认识自己和他人，善于调整自己的行为和心态，提高社会交往能力。

（2）处世乐观、积极、自信，努力发挥个人潜能。

（3）加强实践和锻炼，不断提高自己的动手能力和独立生活能力；

（4）培养自己独立思考的能力、解决问题的能力、运用知识的能力等。

活动天地

活动一：制订"运动处方"

当前，国内外提倡在锻炼中实行"运动处方"的方法。"运动处方"是指针对个人的身体状况，采用处方的形式规定健身者锻炼的内容和运动量的方法，其特点是因人而异，对"症"下药。

制订"运动处方"的步骤如下。

（1）健康诊断。对锻炼者进行系统的身体检查（形态、机能、心理、既往病史），了解健康状况；

（2）进行体力测验。对锻炼者的运动能力进行测试和诊断；

（3）确定主要目标。全面分析锻炼者的具体情况，找出亟待解决的主要问题，确定目标。

（4）选择练习内容和手段，根据主要目标选择相应的运动项目和锻炼手段。

（5）制订"运动处方。"制订出锻炼者从事体育活动的合理运动时间、运动强度和注意事项，并将其整个内容书写成处方；

6. 锻炼效果的评价及运动处方的修订调整。

参考以上资料，针对自己的身体情况，并在老师和家长的指导下，尝试制订适合自己的运动处方。

活动二：今天晚餐我做主

平时都是爸爸妈妈或者爷爷奶奶为我们烧菜煮饭，这个周末，我们要用自己的智慧，用自己的双手为家人准备一顿可口的晚餐。你愿意试试吗？

（1）请以小组为单位，设计一份晚餐的菜谱并作出价格预算。设计菜谱时应考虑营养搭配。

（2）请按照自己设计的菜谱，在家中完成晚餐制作，和同学交流分享。

阅读感悟

一滴水的生存法则

一滴水，单纯而透明，但在阳光下却能折射出五彩缤纷的光芒。

把一滴水用火焰炙烤，它会化为水蒸气；把一滴水冻结成冰，它将更加坚不可摧；把一滴水弃之脚下，它会渗入土壤滋润大地；把一滴水摔碎了，它只会化成更多滴水；把一滴水关进容器，只要存在丝毫缝隙，它就会悄无声息地溜走；把一滴水流放进大海，它会一路欢歌而去。一滴水，虽然渺小，却有无穷大的力量：给它以时间，它就可以穿透金石；给它以同伴，它会欣喜地接纳，然后逐渐变得波涛汹涌、气势磅礴。这就是一滴水的生存法则：能上下、能屈伸、能聚散，韧性十足。

人，也需要学习一滴水的生存法则：碰壁时，不必太刚太硬，那样容易挫伤锐气，不如避其锋芒；身陷困境时，不能太急躁、灰心丧气，而应做到气定神闲，耐心等待；失意困顿时，更不能怨天尤人，不如静心自省，一定会获得纵横开阔的洒脱、游刃有余的自如……

像一滴水一样生存，自信自重，平凡但不平庸；像一滴水一样生存，潇洒自如，飘逸但不放纵；像一滴水一样生存，宽人亦容己，凡事都会变得清透明晰。

在人生的大舞台上，我们只要像一滴水一样收放自如，就能在任何情况下都找准人生杠杆的平衡支点，顺应周遭环境的变化。顺境自律，逆境图强，潮起潮落间，哪怕是一滴再普通不过的水珠，也一样能飞溅出美丽的浪花！

生活篇

第九课 幸福生活

人类是在对幸福永恒追求中进步的，人类的发展史也可以看作对幸福的追求史。幸福是什么，不同时期、不同人的理解是不一样的。在现实社会生活中，我们也可以看到，不同的人有不同的幸福追求：有人认为有钱就是幸福，因为人有了钱就可以实现自己的许多理想，就可以获得物质的享受；有人认为，有权力就是幸福，因为人有了权力既可以使自己的生活更加舒适、更加优越，又可以使自己的许多想法和理想付诸实施；有人拼命追求名誉，以名垂千古、记入史册为最大的幸福；有人则追求花天酒地，以享受现实的生活为最大的幸福……面对这些，你思考过下面这些问题吗？

想一想：

为什么人们对幸福的理解如此复杂多样？

你心目中的幸福生活是什么样的？

解读幸福的密码

人生在世，每个人都渴望拥有幸福。但对于幸福的定义，每个人的看法又不一样。我们经常会看到这样的情形：有的人似乎事事引人羡慕，大家都觉得其幸福得不得了，可他却苦恼万分，一点乐趣都没有。世间的事就是这样不可思议：我们有时觉得得到了某些东西会很幸福，可是一旦到手了，又觉得不过如此。在同一种生活状态下，有些人觉得非常幸福，有些人都觉得痛苦万分。到底什么是幸福？

古希腊思想家亚里士多德在总结前人的基础上提出了幸福的基本条件：中等财富、健康体魄和灵魂宁静。另一位智者赫拉克里特认为，人生的目的就是追求理想的幸福生活，而人的精神快乐高于肉体快乐。哲学家苏格拉底则认为只有具有良好道德品行的人才能获得幸福。我国思想家孔子认为，在人生道路上，不计个人荣辱得失，而致力于谋求社会大众的幸福是人生最大的幸福。

尽管中外学者对幸福的理解有分歧，但有一点是一致的：幸福生活不在于拥有财富的多少、感觉上的快乐，更在于德行的完善和精神上的充实。离开人的精神世界，人们是不可能获得真正的幸福的。

幸福其实是一种内心的体验。生理需要的满足会带给我们幸福感，如口渴时的一杯清水，饥饿时的一顿美餐等；物质愿望的满足会让我们体验到幸福；友谊、亲情会让我们体验到幸福的感觉；得到他人的尊重和肯定，也会让我们体验到幸福。但这些幸福又是不一样的，有些幸福是短暂的，如生理需要或物质需求的满足只是解决了当时的需求，没有解决生活的根本需求，它不能为人提供持续的幸福感受。

幸福就在你的手中

幸福生活要靠我们自己的劳动去创造。人和动物不同，动物只需要生存。它们生下来就很容易找到生存的资源，不需要自己去创造。而人却不同，人不仅需要生存，还要追求幸福生活。人具有创造性，可以通过自己的劳动创造，获得更好的物质生活条件和更多的精神享受。如众多的科学发明让我们的生活更加便捷和舒适，丰富的文学艺术作品让我们精神愉悦……但这些东西都不是现成的。需要我们去创造，在创造的过程中我们也会体会到幸福的感觉。

家和国兴是个人幸福生活的基础

我们一出生，就生活在家人的关怀和照顾中。父母辛勤劳动，为我们创造舒适的生活环境，我们也要理解父母，努力为父母分忧，家庭和睦是我们幸福生活的基础。

除了家庭，人还生活在一定的社会和国家中，任何一个人从一出生开始就与一个国家发生了必然的联系，所以个人的命运是和祖国的命运联系在一起的。国破则家亡，国兴则家昌。如果国家山河破碎，个人和家庭也就无幸福可言。国家的昌盛需要每个公民努力去创造。而国家的最大责任也是让每个公民都过上幸福的生活。只有把人民的幸福生活当作奋斗目标的国家，才会得到人民的支持和拥护。当前，我国党和政府的奋斗目标就是要把我国建成十几亿人口的小康型社会，具体地说就是要建设一个人民富裕程度普遍提高、生活质量明显改善、生态环境良好的国家。

幸福是一个过程，而不是结局，就让我们尽情地来感受这个过程，认真地付出与收获，学会享受过程中的幸福吧！

活动天地

活动一：辩论

甲观点：有钱就是幸福！

乙观点："名垂青史""功成名就"是人生最大的幸福！

活动二：小组交流

1.伟人从不同的角度对人生意义与人生幸福内涵的阐述，会给我们带来许多启示。让我们读一读，并谈一谈自己的理解。

一个人有了远大的理想，就是在最艰苦的时候，也会感到幸福。

——中国教育理论家　徐特立

对人来说，最大的欢乐、最大的幸福是把自己的精神力量奉献给他人。

——苏联教育家　英霍姆林斯基

2.收集你喜欢的关于幸福的名人名言，并与同学分享。

阅读感悟

幸福的公式

诺贝尔经济学奖的得主萨缪尔逊教授，曾依据其经济学的专业知识，提出了一条"幸福的公式"，给当代以经济为取向，一切向钱看的人，做了一个参考。

他提出的公式是这样的：

个人幸福=物质财富÷消费欲望

从这个数学化的幸福公式中，我们可以知道，个人幸福的程度会随着物质财富因素和消费欲望因素的变化而变化。我们可以从这个公式中至少得到以下三种信息。

第一，消费欲望不变，个人幸福和物质财富就成正比。也就是说，物质财富越多，个人越觉得幸福。

第二，如果物质财富不变，个人幸福和消费欲望成反比。也就是说，欲望越多，幸福越少。

第三，如果财富和欲望都在变化，那么幸福也同样会产生变化。如果财富增加，欲望减少，则幸福越多；反之，财富减少，而欲望增加，则幸福越少。又如果欲望和财富都增加，则要看双方增加的速度和分量，欲望快而多时，幸福就少；相反，财富快而多时，幸福就增长。

从上面的三种信息可以得知，要获得幸福，要么增加财富，要么降低欲望，当然若能双管齐下，则获得幸福的机会就更大。

生命篇

我们的生命因爱而生，并在爱的关怀下成长，它承载了许多亲人的爱和期望。一个人的成长要经历不同的阶段，青春期是人生历程中的一个重要时期，正确面对青春期生理和心理的变化，有利于我们健康、快乐地成长。

第十一课　爱与生命

学习园地

"妈妈，我是从哪儿来的？"

相信我们小时候都问过爸爸妈妈这样的问题。记得爸爸妈妈的回答也总是千奇百怪："你啊，你是我们抱来的""是天使送来的。""是垃圾堆里捡来的。"……现在，就让我们在回忆自己的美丽童年时，来了解一下我们的生命究竟源于哪里，是什么一直伴随着我们的成长。我们是怎样来到这个世界的？

爱是世界上最伟大的，尤其是父母的爱。父母不仅给予了我们生命，还付出了他们辛勤的汗水与无私的爱。可以说，没有他们，就没有我们的存在；没有他们对我们的悉心养育，就不可能有我们的幸福成长。

生命与爱同行

父母不仅给予了我们生命，而且哺育我们成长，教我们做人。为了让我们有一个良好的成长环境，父母辛勤工作，挣钱养家；当我们生病时，父母无微不至地照顾我们；当我们遇到困难和挫折时，父母鼓励我们，无私地支持我们……父母的爱，就像春天灿烂的阳光，带给我们温暖；就像狂风中的一把稳定而沉着的大伞，为我们遮风挡雨。总之，父母的爱是我们坚强的后盾。

父母对我们付出的爱，应当得到回报。孝敬父母是中华民族的传统美德，也是一个人健康成长应具有的美德。"鹿乳奉亲""卧冰求鲤""扇枕温席"等孝心经典故事为我们树立了榜样，故事主人公们孝敬父母、尊重父母的做法历来被人们所称颂、尊敬，而不孝敬父母的人则永远被人们所谴责和唾弃。

孝敬父母不能只停留在口头上，更重要的是要体现在行动上。我们不仅要用心体会父母对我们付出的爱，尊重父母的劳动成果，更要尽自己所能为父母做一些事。递一杯暖茶，送一张贺卡，说几句问候或安慰父母的话，学会为父母分忧，才是孝敬父母的表现。

我们的成长同样也离不开他人和社会的帮助和关爱，让我们学会感恩，学会感激所有对我们付出爱的人。一个缺乏爱心、不懂得感恩的人，长大后也不可能懂得关心，体谅他人，更谈不上爱同学、爱社会和爱国家。在家爱父母，到学校才有可能关心同学、老师，在社会里才有可能关心同事、关心国家。

奉献爱心延续生命

爱不仅仅是对父母、对亲人付出，还要对整个社会、国家和人民付出。在他人遇到灾难时，付出我们的一份爱心，比如参与捐款、捐物、献血等，都是奉献爱心的体现。这些行为不仅可以帮助他人延续生命，也可以让我们体会到帮助他人的快乐。人与人之间的关爱就像一座桥梁，拉近了彼此之间的距离，温暖了人的心灵。

在这个世界上，虽然会有寒冷和黑暗，但只要人与人之间多些关爱，那么就会增添许多阳光。有时候我们就是别人命运中的一只手臂，关爱他，只需要我们把手臂伸向他，把他向前拉一把，或者从他背后向前推动一些。又或许只是在他烦闷时，给他一个微笑；在他难过时，给他一句安慰；在他伤心时，给他一句鼓励；在他无助时，给他一个拥抱。如此，这个世界就会变得很温暖。因为你的一份付出和关爱将会改变他人，同时也让自己的生命更精彩。

活动天地

活动一：感谢妈妈

活动内容：

1.了解妈妈在怀孕期间的生理和心理变化。

我们可以拟订一个提纲，向妈妈提问，并做好记录。提问可以参考以下内容。

（1）妈妈怀孕期间有什么生理反应？

（2）妈妈的体重增加了多少？体形发生了怎样的变化？

（3）孕期大约是多长时间？为迎接我的出生，爸爸妈妈做了哪些准备？

（4）分娩时，从阵痛开始到我生出来大约经历了多长时间？

（5）妈妈分娩时采用了哪种分娩方式，是顺产还是剖宫产？

（6）我出生时的身高、体重是多少？

（7）妈妈在怀孕期间有哪些难忘的事？

2.通过这次谈话，你对妈妈怀孕、分娩有了什么新的认识？想对妈妈说什么？把你想说的话写在一张卡片上，送给妈妈。

活动二：读懂爸爸妈妈的心

演一演下面的情景剧，谈谈自己的感受。

张明的爸爸妈妈工作很忙，经常很晚才回家。他看到别的同学每天都能和爸爸妈妈在一起，心里很不是滋味。一天，他给妈妈留了一张纸条，说出了自己的心里话：

妈妈，你和爸爸每天总是那么晚回家，把我一个人丢在家里。看着别的同学和家人快快乐乐在一起，我好羡慕呀!你知道我有多孤单吗？

有一次我摔伤了腿，你还埋怨我不听话。其实，那时我在想，要是我病了，你们就不用上班，可以在家陪我了。

早晨，他看到妈妈给他的一封信：

孩子，看到你的字条，我心里很难过，一夜都没睡好。我何尝不想早点回家，多陪陪你呀!可是我们要工作，要挣钱呀!下了班，我拖着疲惫的身体，匆匆地赶回家就是想和你多说一些话，多陪你一会儿。有时，我很晚回到家，看见你熟睡的样子，亲亲你，忙着为你准备好第二天上学穿的干净衣服。

那次你淘气摔伤，妈妈埋怨了你。可你知道我是多么着急和担心。我自己也自责、哭泣，后悔没有好好照顾你。

孩子，妈妈和爸爸真的希望你能健康成长。

请你分别站在父母和孩子的角度，谈一谈他们看到信时的感受。

阅读感悟

生命的奇迹

在汶川大地震后的废墟上，抢救人员发现她的时候，她已经死了，是被垮塌下来的房子压死的。透过那一堆废墟的间隙，可以看到她死亡的姿势，双膝跪地，整个上身向前匍匐着，双手扶地支撑着身体。有点像古人行跪拜礼，只是身体被压得变了形。救援人员从废墟的空隙下伸手进去确认了她已经死亡，但又冲着废墟喊了几声，并用撬棍在砖头上敲了几下，里面没有任何回应。当人群走到下一个建筑物的时候，救援队长忽然往回跑，边跑边喊："快过来。"他又来到她的尸体前，费力地把手伸进女人的身子底下摸索，他摸了几下就高声地喊："有人，有个孩子，还活着。"经过一番努力，人们小心地把挡着她的废墟清理开，在她的身体下面躺着她的孩子。孩子被包在一个红色带黄花的小被子里，大概有三四个月大，因为母亲身体的庇护，他毫发未伤，抱出来的时候，他还安静地睡着，他熟睡的脸让所有在场的人感到温暖。随行的医生过来解开被子准备做些检查，发现一部手机塞在被子里。医生下意识地看了一下手机屏幕，屏幕上是一条已经写好的短信："亲爱的宝贝，如果你能活着，一定要记住我爱你。"

读了这个故事，你有什么感受？

人类活着的意义和人生的价值就是提高身心修养，磨炼灵魂。

——日本商业实业家　稻盛和夫

附录二：崂山十一中国学节（节选）

崂山十一中"品经典国学，做友善少年"

第三届国学节活动方案

为了弘扬中华传统文化，传承国学经典，践行社会主义核心价值观，进而树立正确的世界观、人生观和价值观。通过友善教育，让学生学会与人相处，学会处事，学会以友善待人接物，培养自身美德，提高全校师生自身素养。崂山十一中将在4～5月开展以"品经典国学，做友善少年"为主题教育的第三届校园国学节。

一、活动主题：品经典国学，做友善少年

二、活动对象：全校师生

三、活动时间：2015年4～5月

四、内容与形式

第三届校园国学节"品经典国学，做友善少年"签字启动仪式，时间：4月29日上午课间操，地点：实验楼前。

各班以学校第三届国学节"品经典国学 做友善少年"为主题，开展"五个一"的教育活动：① 各班级出一期班级刊物（A4纸大小，有主题，有编辑等）；② 各班级开展一次如何与同学、与老师、与父母等友好相处的教育主题班会（打印一份主题班会记录）；③ 学唱一首歌曲：《和你一样》，要求早、午第一节课课前合唱，弘扬正气；④ 组织一次生动活泼的"团结友善"专项行为训练，如助老、助小、助残扶贫等关心他人，热心公益事业方面的实践活动，评选班级两名"团结友善"之星上报学校；⑤ 各班级节选国学经典内容，利用早午自习课等时间进行品读赏析，学生根据班级所选内容，写一篇心得征文，要有具体事例及感悟，各班级评选5篇上交德育处。

诵读活动：以"品经典国学 做友善少年"为主题，各班级认真组织开展各类诵读活动，要求活动不仅是形式，更主要的是让学生能够深刻体会到经典国学的魅力和精髓，要求每班准备一个精选的诵读节目，参加学校的汇报演出，同时，活动要求尽可能有学生、家长参与，活动时间5月下旬。

专题讲座：学校邀请五百强企业大州箱包工会董建勋主席做"品经典国学，做友善少年"的专题讲座。

各班级结合学校国学节，深入开展各类相关活动，把活动意义精神落到实处，让学生真正参入其中，在经典国学中提升自己，做友善君子。

五、奖励办法

比赛分年级设集体奖优秀组织奖各两名，另设优秀单项奖若干名。

青岛市崂山区第十一中学

2015年4月27日

附录三：第六届国学节实施方案

一、活动目的

国学经典是校园文化建设的一个重要组成部分，为了让经典文化走进学生心田，以圣贤为榜样，提高学生诚信认知，树立学生诚信品格，形成人人爱经典、人人诵国学的良好氛围，让学生了解并弘扬祖国传统文化，培养学生良好习惯、高尚情操、优秀品格，特开展"诵读国学经典，浸润诚信心灵"第六届国学节活动。通过国学经典教育，让同学们在青少年时期培养起良好的人文素养、心理素养、道德情操，增强自控能力和适应能力。

二、活动内容

（一）"诵读国学经典，浸润诚信心灵"第六届国学节国学节开幕式

1. 活动时间：5月4日（周五）下午最后一节课。

2. 活动地点：多功能厅。

3. 参加人员：七、八年级全体师生。

备注：七年级每班出一个诵读节目，内容以"诚信"为主题的国学经典诵读，每班将所选文章于5月2日（下周三）之前报给德育处。要求全班学生都上台，服装、道具、背景音乐（PPT）自选，要求编排形式多样，表演有质量，作品呈现有品位。八年级全程观摩。

（二）国学讲座

活动目的和内容：本活动我们会邀请专家进行国学讲座。目的在于让广大学生体会到国学文化的重要性、国学的历史渊源以及国学文化的趣味性，从而促进师生积极学习，快乐学习，以达到学习国学的目的。

时间：5月16日下午

地点：多功能厅

参加人员：七八年级学生

（三） "诵读国学经典，浸润诚信心灵"征文

1. 活动时间：5月15日（周一）。

2. 负责人：张坤鹏主任。

3. 参加人员：七、八年级学生，每班5篇。

备注：题目自拟，体裁不限，主题突出。可以是读后感悟，对著作的阐释、评论等。严谨抄袭套写。文章不少于600字。

（四） "诵读国学经典，浸润诚信心灵"演讲比赛

1. 活动时间：5月9日中午12：30。

2. 活动地点：录播室。

3. 参加人员：七、八年级学生，每班1名。

备注：先在班内评选，推荐1名参加学校评选。演讲内容为国学经典美文。

（五） 办一期以"诵读国学经典，浸润诚信心灵"为主题的手抄报

1. 评选时间：5月18日（周五），要求每班5份，5月17日之前上交德育处常方鹏处

2. 参加范围：七、八年级各班

三、奖项设置

每项活动均按年级组分设一、二等奖，由学校颁发奖状或其他方式进行表彰，演讲小明星将在学校宣传栏进行宣传。

2018年4月4日

基础教育不仅要对学生的升学考试负责，更要对学生的幸福人生负责。

——肖川

　　每年一届的"青春飞扬""三生"素质技能运动会被评为"崂山区青少年最喜爱的文体品牌",九月底雷打不动地开幕。"青春飞扬"三生技能运动会,设立美食展示、钉纽扣、变废为宝、包扎急救伤员等20多个集体和个人项目。学生报名踊跃,终生难忘,充分展示了我校学生的"三生"风采,使学生进一步认识生命的价值,明白热爱生活、珍爱生命,树立正确的生存观、生活观、生命观。更加主动、积极、健康地发展生命,提升生命质量,实现生命的意义和价值。已经毕业走上社会、在各行各业工作的毕业生回忆起母校、谈起当年的初中生活时,仍念念不忘母校为他们打下的未来生活的坚实基础。

　　中国教育报、山东教育报、山东教育电视台对我校的三生素质技能运动会都先后作了专题报道,对促进学生"三生"素质的全面提高影响深远。

附录四：第十六届"青春飞扬"三生技能运动会规程（节选）

一、比赛时间： 2017年9月30日

二、比赛地点： 崂山十一中田径场

三、参加办法

1．参加范围：九年级、八年级、七年级级部学生，以班级为单位，分三个组别。

2．运动员条件：凡在校学生，思想品德好，身体适宜参加竞赛者，均可报名。

四、比赛项目及比赛要求（附后）

五、比赛办法

1．本次比赛采用按时间排名或裁判现场评分公布分数的办法。

2．每人限报两项，可兼报集体项目（一圈到底、120急救、集体跳绳、齐头并进），每项报名人数按比赛要求执行。

3．单项取前4名，以5、3、2、1计分，集体项目加倍计分，均计入团体总分。

4．比赛位置顺序由编排组统一决定。

5．各班号码安排（自备）：

六、奖励办法

1．团体：按级部取男女团体总分前两名。大会设有精神文明奖。最佳方队奖。

2．单项奖励：奖励前3名；集体项目奖励第一名。

七、报名日期

各班务必于9月23日下午放学前将报名单交体育组。各班报名后不得换人更改。各班报服务员3名，随报名表上交。

续表

八、其他有关事宜

1. 在比赛中或比赛后，有违反规定者，取消比赛资格，并取消团体奖项。

2. 开展训练活动中，注意安全，预防各种伤害事故出现。

3. 本次素质技能运动会解释权归组委会所有。

4. 未尽事宜，另行通知。

比赛项目及比赛要求

项 目	要 求	备 注
120急救（集体）	1. 1人为病号，4人运送，150米处换4人接力继续运送，距离300米，一人扎绷带并陪护 2. 10人合作最先到达者为胜 3. 运送的过程中若有一人放手在总成绩中加5秒钟	每班限报9男1女一支队伍
齐头并进	1. 5人合作，第1人双手撑地，后面4人分别抓住一人的脚踝，5人同时抬脚前进，距离30米 2. 5人合作最先到达者为胜，出现手离开脚踝继续前进为犯规	每班限报男女各5人
信息传递	1. 距离400米，共分4段 2. 第一人10秒内看完一条信息，将内容口述传递，最后一人将信息写出 3. 先到者将信息准确写出为胜，音准即可	每班限报男女各一队4人
极速运球	距离100米，运篮球绕过障碍50米，带足球绕过障碍50米，按时间取名次	男女各限报2人
美食展示	1. 根据色、香、味、创意打分 2. 热菜：七年级西红柿；八年级豆腐；九年级土豆丝	做饭的所有辅助材料自备，比赛前20分钟准备材料，每班报男女各一人
"变废为宝"	利用各种废弃物品制作模型，质量优者胜	各班限报男女各2人
七彩科技	将指定图案正确拼出，时间最短成绩最高	各班限报男女各2人
书法	20分钟完成内容古诗，质量优者为胜，学校仅提供墨水与纸，要求带毛毡或者报纸垫着桌子	各班限报男女各2人
剪纸	30分钟完成一幅作品，图案漂亮、剪工细致为胜，学校提供剪纸，其他工具自备	各班限报男女各2人

续表

项　目	要　求	备　注
缝纽扣	四孔纽扣，十分钟缝完4个纽扣，从穿线开始，以缝扣单个质量和是否一条直线决定名次	各班男女各限报2人
汽车直行	在3*10米跑道内直行，跑到带有分值的门，分值大获胜，每人两次取最高成绩，成绩相同看第二成绩，再相同并列	各班男女各限报2人
"心有灵犀"	出示题目后，1人表演或讲解，但不能出现关键词语，1人猜出答案，2分钟内猜出多者为胜	每班限报1组，男女各1人
跳绳	前后站，1人抡绳跳，一人单独跳，1分钟次数最多者为胜	各班男女各限报2组
掷纸飞机	1分钟做完，投掷2次，以单次留空时间计成绩	各班男女限报2人
飞镖	距离3米，每人掷6发，得分多者为胜	各班男女各限报2人
快乐乒乓	对墙击球，离墙至少2米，从墙上弹回击球算第一次，数多为胜，每人两次机会，取最高	各班男女各限报2人
叠被子	10分钟内完成，以军训要求，根据整齐度、边角处理情况打分。	各班限报男女各2人
齐心协力	每人手持一根1米长开放性塑料管，通过跑动接力传乒乓球，不准带球跑，将球运送至规定地点球桶内，手不能触球	各班男女各4人组一支队伍
一圈到底(集体)	手拉手围成一圈，用呼啦圈穿过所有人的身体回到原位。过程中，只能以语言为工具，相互拉着的手不能放开，也不能用手指去勾呼啦圈，用时少的队伍获胜，若松手取消成绩	男女各5人组一支队伍
集体跳绳	绕8字跳绳，间距3.6米，时间3分钟，中断不计数，通过人数多者为胜	跳绳男女各4人，摇绳2人、男女不限，组一支队伍

第三章

构建"三生有幸"课程体系

现行的课程体系难以完全适应学生生存发展和生命成长的需求,使国家课程和地方课程能够紧密结合校本课程,使之更符合初中学生的特点和需要。"三生有幸"课程体系从类别上分为学会生存课程、体验生活课程、理解生命课程和节日课程、隐性课程五类。从形式上分为基础性课程、拓展性课程、活动性课程,并与学科教学有机融合、与选修课程有机融合,形成了"三生有幸"课程体系。

"课程"(curriculum),源于古拉丁语"currere",意即"跑道",转义为"学习之道"。最常见的课程定义是"学习的进程"或"学习的路线",是学校教育教学活动的核心。我校从生命的角度理解课程、规划课程、实施课程,逐渐构建"三生有幸"课程体系,为学生生存与发展提供了支撑,也为学生铺就了可以奔跑并通往幸福人生的跑道。

崂山十一中,坐落于"海上名山第一"——崂山的腹地,是一所规模很小的农村初中。十年间,随着四届崂山区中考状元的接连出现,特别是学生高度的自主性、独立性、创造性以及优良的品行得到社会广泛认同,一批批优秀毕业生成了高一级学校争抢的对象,学校的"三生"教育已初见成效。"三生有幸""三生相伴"的品牌效应已日益彰显。学校"三生"教育办学经验和做法多次在青岛电视台、《齐鲁晚报》、《中国新闻网》等媒体报道,2016 年 4 月 6 日,青岛市第十八届基础教育新课程论坛在崂山十一中举行,论坛的主题为课程整合与校本课程体系建设,我校做了中心发言。2015年5月6日,《中国教育报》对学校的"三生"教育做了专题报道。2015年11月,我校在第三届中国陶行知研究会生命教育专业委员会学术年会上做了题为"构建'三生'有幸课程体系,为精彩人生导航"的经验分享。

几年的探究与实践,逐渐形成了崂山十一中比较完善的"三生有幸"课程体系,保证了"三生"教育的有效实施。

第一节　"三生有幸"课程体系建设的思考、目标与任务

一、"三生有幸"课程体系的思想与内涵

课程是学校内涵发展的核心载体,"三生有幸"课程体系的构建致力于满足学生生命成长和生存发展的需求。在课程设置方面,应站在培养人、教育人、完善人、提升人的生命价值和意义上,构建大课程、大课堂、大教育的观念,将学生生活的空间变成教育的空间,倡导学生主动参与、自主学习,乐于探究,勤于动手。让学生在学习中学会做人,在学习中学会做事,在实践过程中学会创新,在体验过程中学会发展。

二、"三生有幸"课程体系的目标和任务

"学会生存"就是帮助学生学习生存知识,掌握生存技能,保护生存环境,强化生存意志,把握生存规律,提高生存的适应能力和创造能力,树立正确生存观念的教育。通过生存教育,使学生认识生存及提高生存能力的意义,树立人与自然、社会和谐发展的正确生存观;帮助学生建立适合个体的生存追求,学会判断和选择正确的生存方式,学会应对生存危机和摆脱生存困境,正确面对生存挫折,形成一定的劳动能力,能够合法、高效和较好地解决安身立命的问题。

"体验生活"就是帮助学生了解生活常识,掌握生活技能,实践生活过程,获得生活体验,确立正确的生活观,追求个人、家庭、团体、民族、国家和人类的幸福生活的教育。通过生活教育,使学生认识生活的意义,热爱生活,奋斗生活,幸福生活;帮助学生提高生活能力,培养学生的良好品德和行为习惯,培养学生的爱心和感恩之心,培养学生的社会责任感,形成立足现实、着眼未来的生活追求;让学生理解生活是由物质生活和精神生活、个人生活和社会生活、职业生活和家庭生活等组成的复合体;教育学生学会正确比较和选择生活,理解生活的真谛,处理好收入与消费、学习与休闲、工作与生活的关系。

"理解生命"就是帮助学生认识生命、尊重生命、珍爱生命,促进学生主动、积极、健康地发展生命,提升生命质量,实现生命的意义和价值的教育。通过生命教育,使学生认识人类自然生命、精神生命和社会生命的存在和发展规律,认

识个体的自我生命和他人的生命,认识生命的生老病死过程,认识自然界其他物种的生命存在和发展规律,最终树立正确的生命观,领悟生命的价值和意义;以个体的生命为着眼点,在与自我、他人、社会、自然建立和谐关系的过程中,促进生命的和谐发展。

能将自己的生命寄托在他人的记忆中,生命仿佛就加长了一些;光荣是我们获得的新生命,其可珍可贵,实不下于天赋的生命。

——法国思想家　孟德斯鸠

第二节　实施"三生有幸"课程体系的途径和内容

一、把"三生"教育与学科德育结合起来

"育人为本,德育为先"。"三生"教育首先要立足于课堂这一主阵地,体现在初中14门必修课程中,并与知识的传授有机融为一体。德育课程要回到学生的家庭生活、学校生活、社会生活和大自然生活中讲清做人做事的基本道理,引导学生学习处理好人与自我的关系(知己),人与他人、社会的关系(知人),人与自然的关系(知物),人与宇宙、宗教关系(知天)的教育,逐步培养正确的生存观、生活观和生命观。语文课要以文字、文学的魅力传播中华民族优秀文化和革命传统、民族精神和时代精神,让学生感受思想文化的崇高境界和做人的高尚情操。历史课要通过历史事件和人物揭示人类社会发展的内在规律,引导学生逐步树立唯物史观。理科课程要揭示科学发展规律和人类对客观物质世界的认识规律,培养学生的科学精神和科学方法。音体美课要通过学习和掌握相关知识、技能、技巧,让学生接受美的陶冶和健康的教育。这就要求所有教师既要具有学识魅力,又具有人格魅力和生命素养,要充分挖掘各门学科中有关"三生"教育的显性和隐性内容,在教学中潜移默化渗透、融会贯通、深入浅出,真正使德育、"三生"教育内容进教材、进课堂、进脑入心。

二、把"三生教育"与开展实践活动结合起来

学校根据育人目标和初中生的年龄特征和心理特征,在教师的指导下,充分尊重学生的主体地位,结合实际组织开展内容丰富、形式多样、生动活泼的课外活动和校外活动。特别是开展以提高理论联系实际能力和从实践中获取知识能力以及服务社会能力为主的实践活动,调动学生的主动性、积极性,使学生在实践中了解自我、认识社会、开阔视野、拓展知识、磨炼意志、增长才干,学真知、做真人、长真才。例如,通过海啸、地震、泥石流、水污染等图片展示,让学生认识到环保的重要性,爱护环境,美化环境;通过"12·4"法制教育报告、少年模拟法庭等,让学生懂法、守法;禁毒教育让学生远离毒品;通过青春期教育、性教育讲座,让学生了解青春发育期的生理、心理变化,走好青春每一步;安全教育,使

学生避免危险,学会自救自护。这些活动都能够有效促进学生生存、珍爱生命。又如,渗透生存教育,学校组织了诸如远足、野营、登山、野炊、学农、军训等专题活动,从室内拓展到室外,从单纯追求安全保险趋向于敢于承担风险,从"坐而论道"发展到"起而力行",使学生在"吃苦活动"中"自讨苦吃",自我锤炼。

三、把"三生"教育与学校心理健康教育结合起来

心理健康教育的目的和功能就是"健心",引导学生自我教育,增加对自己的了解,提高生存方面的身心素质。心理健康教育是素质教育的重要内容,也是学校生命教育的重要组成部分,有着传统的德育所不能替代的作用。我校一直把心理健康教育当作"三生"教育重要内容来抓,围绕"5·25",把5月份定为学校的心理健康月,配备专门的师资,开设心理健康教育课程或讲座,高度重视和关心独生子女教育问题、单亲家庭子女教育问题、中小学生网络依赖问题,特别是对学习有困难,品行有缺点的中小学生给予更多的爱护和帮助。在战胜自卑,走向自信、正确面对性教育、青春期逆反心理、社交焦虑等心理问题方面开展对学生的个别心理辅导和团体心理训练。在思想品德教育和心理健康教育中,尤其要注重培养学生的抗挫折能力,努力养成其百折不挠、意志坚强、困难面前不泄气的优秀心理品质,最终培养学生"敬畏生命、珍爱生命"的意识。

四、把"三生"教育与开展感恩教育活动结合起来

受应试倾向影响,许多学校在教育方面的功利性追求日益凸显,常常忽视受教育者主体生命的丰富性及成长的复杂性。学生的生命成长被简化成了统一规范的教学,学生们鲜活的生命变成了预定的教学程序。这种忽视人文精神的教育,导致学生淡漠了对生命的敬意和珍惜,把生命当成了物品,可以随手丢弃,从而没有了"身体发肤,受之父母,不敢毁伤"的感恩之心。怎样教育学生感恩社会、感恩父母、感恩自然万物?我校充分利用现有教育资源,创设情境,丰富感恩教育活动,运用寓言故事、童话故事、名人名家的感恩故事或者自己身上、身边的故事,通过案例教育法促进青少年感恩意识的形成。让学生常怀感恩之心去面对生活,助力学生树立一种强烈的责任意识,实现"不唯中考、赢得

中考"的教育理想。

五、把"三生"教育与开展传统文化与传统美德教育结合起来

我校"三生"教育非常重视现代道德与传统道德的整合,引导学生加强对传统美德的认知和实践。结合国学节、读书节,开展"孝、悌、忠、信、礼、义、廉、耻"人生"八德"教育。实践证明,经得起时间考验,并且能对个人品德发展产生深远意义的,就是传统文化教育。很多国家都坚持一定的传统价值观作为导向。反面经验也证明,在教育中放弃传统价值教育导向,会导致思想混乱、道德失序和社会风气的败坏。中华民族的传统美德,不仅是中华儿女的共同精神财富,也是整个东方乃至全人类的精神财富,我们不能放着自家的宝藏不知珍惜、利用,反而东奔西走、向外驰求,更不能崇洋媚外。

六、把"三生"教育与抓好校园文化建设结合起来

我校重视开展校风、教风、学风建设,在规范办学行为、继承优良传统基础上,遴选和集成先进文化,弘扬主旋律,大力营造优于社会环境的独特氛围,使教育和引导体现在细微之处,体现在师生之间、同学之间相互关怀、相互关心之中,体现在班级、团队组织的温暖和鼓励之中,体现在高年级同学对低年级同学的爱护和帮助之中。我校注重精心组织开展内容丰富、形式多样、学生喜闻乐见的校园文化活动。充分利用重大节庆日、纪念日和传统节日,利用入学毕业、入队离队、入团等有特殊意义的日子开展系列主题教育。强化"第二课堂"科技、艺术、体育、娱乐活动,广泛组织多种类型的选修课和学生社团活动,每年组织"三生"素质技能运动会和国学节、艺术节、体育节、感恩节、科技节、读书节、学科周等活动,推广优秀歌曲、影片,开展多种形式的歌咏、演讲、辩论活动。持续搞好校园绿化、亮化、美化和人文环境建设,充分利用校园的每一个角落,营造浓厚的"三生"教育氛围,国学长廊、科技长廊、安全教育长廊、法治教育长廊、楼梯台阶格言、"三生"教育长廊、海洋教育长廊等,使校园的一草一木、一砖一石、一角一景都能发挥教育的引导和熏陶作用,切实达到"让每面墙壁都说话、让每棵花木都育人"的效果。

七、把"三生"教育与家庭教育、社区教育结合起来

"三生"教育既要通过学校的引导传授,又要通过家庭、社区、团体的帮助,使生命教育、生存教育、生活教育的内容内化为青少年的自觉行为,既要倡导学生之间、师生之间、亲子之间的互动,还要引导学生加强自救、自律和自我教育。"三生"教育既要发挥学校教育的积极引导作用,又要开发利用家庭、社会的教育资源。在学科课程教学、综合实践活动等方面落实"三生"教育的同时,还要通过家长学校、社区活动等多种途径,积极引导家庭和社会参与培养青少年健康的生活习惯,与人和自然和谐共生的生活态度,形成"三生"教育的合力,让青少年成长、成人、成才、成功。

我校的"三生有幸"课程体系从类别上分为学会生存课程、体验生活课程、理解生命课程和节日课程、隐性课程五类。从形式上分为基础性课程、拓展性课程、活动性课程,并与学科教学有机整合、与选修课程有机融合,形成了"三生有幸"课程体系。

"学会生存"课程主要包括生存知识篇、保护环境篇、逃生技能篇、健康教育篇、意志培养篇、养成教育篇、生存能力篇、礼仪教育篇、海洋教育篇九大模块。

"体验生活"课程主要包括生活常识篇、生活技能篇、幸福教育篇、生活目标篇、禁毒教育篇、法制教育篇、安全教育篇、青春期教育篇、食品安全教育篇九大模块。

"理解生命"课程主要包括理想教育篇、道德教育篇、心理健康篇、人格教育篇、合作教育篇、诚信教育篇、感恩教育篇、死亡教育篇八大模块。

节日课程和优胜劣汰的选修课:3月份体育节、4月份国学节、5月份艺术节、6月份感恩节、9月份"三生"素质技能运动会、10月份科技节、11月份读书节以及传统节日课程和学科周活动。

教育就是使人成为人。

——德国哲学家 康德

第三节 实施"三生有幸"课程体系的保障措施

一、培养合格的课程实施教师

欲立校,先立师。建立一支身心健康、师德优良、一专多能、敬业爱生的教师队伍至关重要。"三生有幸"课程的具体实施,需要教师多才多艺,具有丰富的生命情怀和人格魅力。几年来,崂山十一中下大力气开展教师培训工作,打破了传统的教师培训范畴,量身定做,精准施策,有针对性地给老师创造奔跑的跑道,全力支持教师参加舞蹈、健身、心理咨询、家庭育人师、法律、厨艺、器乐、棋类、陶艺、球类、科技、礼仪、美术、书法等专业培训,为学校"三生"教育课程的实施提供了保障。

二、构建激励性评价机制,为师生创造轻松和谐的教与学环境

在教师层面。开展"三生"教育优质课、课题成果、优质课程、优秀论文和案例、最佳跨界奖、温馨办公室、最美班主任、学生最喜爱的老师和"五好教师"(好儿女、好媳婿、好老师、好父母、好公民)等评选。

在学生层面。因为我们倡扬"每个生命都是独特的、多用一把尺子评价学生,就可能多培养一类人才"的理念,多元评价学生的发展,学校每学期初举行隆重的颁奖仪式,奖项有智慧之星、礼仪之星、科技之星、艺术之星、体育之星、自立之星、忠诚卫士、生存技能小达人、美德少年、节约明星、小绅士、小淑女等几十项,起到了极大的激励作用。

经逐级推选,我校自主研发的《"三生有幸"》校本课程,在青岛市首届校本课程评选中被评为首批中小学幼儿园精品校本课程。

当今教育最大的不幸就是德育和智育分离。

——中国教育家　谢维和

附录一：2016年崂山十一中心理健康活动月方案

为全面贯彻落实《中共中央国务院关于进一步加强和改进未成年人思想道德建设的若干意见》和教育部颁发的《关于加强中小学生心理健康教育的若干意见》，扎实有效的做好学校德育品牌"三生教育"，进一步提升学生学习自觉、行为自律以及社会实践能力，养成良好的心理素质、健全人格，促进学生身心全面和谐发展和素质全面提高，培养幸福快乐学生，建设幸福学校，经学校研究，特制定《2016年崂山区第十一中学心理健康活动月方案》。

主题：展青春正能量，让心灵飞翔。

对象：全体师生。

时间：2016年5月—6月。

内容与方式：为保证活动的灵活性和实效性，采取集中与分散活动相结合的方式，并与学校开展的"全员育人导师制"相结合。分散活动是指教师、班主任根据本班的实际，及时对学生进行相关的教育、交流与引导，在活动结束后，班主任交两份心理辅导表。集中活动是指按照学校的计划开展的活动。

集中活动安排如下。

序号	名称	内容	时间	地点	责任人
1	"导师与学生集体互动活动"	导师与自己的全体受导学生一起座谈互动，交流学习、思想，倾吐心声，畅所欲言，对成长中的困惑进行沟通交流，对导师制活动提出建议	5月12日下午 5月13日下午	级部协调导师确定	常方鹏
2	"困惑手拉手"心灵贴吧跟帖活动	学生把自己想说的心里话（可以是心中的困惑、纠结、小郁闷等），写在纸上，其他同学根据自己的见解跟帖回复：自己有无这方面的困惑；自己是如何解决的，想办法、出主意。倡议任课老师和学校管理人员跟帖沟通	5月份	各班教室后黑板北侧建立"心灵贴吧"，（5月30日前择优三份交政教处）	王小丹
3	观看心理健康教育电影	《心雨花露》	5月23日下午主题班会和课外活动时间	各班教室	常方鹏
4	"心灵之约"心理剧会演	心理剧会演	5月26日下午3点以后	学术报告厅	王小丹

续表

序号	名称	内容	时间	地点	责任人
5	活动成果展	开展心理手抄报展示、幸福瞬间照片或漫画等的征集与评选（每类每班最多3件）	5月30日报材料至政教处	宣传栏展评	张倩

附录二:崂山十一中"不忘初心跟党走"离队仪式主持稿

尊敬的各位老师,亲爱的少先队员们:

今天,是一个值得纪念的日子,因为就在今天,我们崂山十一中139名少先队员将光荣地离开相伴了七八年的少先队组织,向更高的目标前进。这是成长道路上的一个里程碑,是迈向青春的第一步,我宣布,崂山十一中"不忘初心跟党走"离队仪式现在开始!

第一项,出旗,全体少先队员敬礼(七、八年级队员们敬礼),(放音乐),礼毕。

第二项,请离队代表发言。对于自己即将离开的少先队,同学们都有怎样的感慨,对未来的前途,同学们都有怎样的设想呢?让我们来听一听离队队员八年级(1)班李玉瑞同学的心声吧。

第三项,请姜校长颁发离队纪念卡,八年级各中队长上台领取。

第四项,大队辅导员为离队队员献上寄语。

第五项,齐唱《中国少年先锋队队歌》。

第六项,由八年级(4)班肖洋带领全体队员最后一次宣誓。

第七项,退旗,全体少先队员敬礼(七、八年级队员们敬礼),(放音乐),礼毕。

第八项,请所有离队队员把红领巾摘下,(停顿)轻轻地叠好,(停顿)放入口袋珍藏。

第九项,退场。

离队仪式到此结束。下面请常主任说一下接下来的安排。

附录三：崂山十一中首届国学节

相伴国学经典，传承感恩美德

——走近崂山十一中首届国学节

走进崂山十一中的校园，一眼就看到外墙上印上了《论语》等国学内容的节选。下课后，同学们不约而同地站在走廊上品味着，还不时轻声朗读，校园内充满了浓郁的经典国学气息。

原来，这是崂山十一中"相伴国学经典，传承感恩美德"（以孝为主题）经典国学节活动。

一、循序渐进走近国学

据学校于校长介绍，为进一步践行学校"三生教育"办学特色，即学会生存、体验生活、理解生命，倾心培育"三生相伴"的德育品牌，将弘扬民族精神教育与现代公民素质培养有机整合，让学生与经典为友，与圣贤相伴，"博观而约取，厚积而薄发"，传承国学经典文化，从经典中汲取民族精神的源头活水，培养心灵，启迪心智，濡养具有深厚文化内涵的一代新人，进一步推进学校素质教育，构建儒雅校园、精神家园、和谐乐园，结合每年的母亲节、父亲节，学校定于五月中旬至六月底开展崂山十一中"国学节"。活动以进行中华民族优秀传统文化教育为核心，以诵读文化经典为载体，以知书识礼、知行合一、明理做人为目标。

将国学引入校园，共分为走进国学、体验国学、实践国学等几个部分，让学生循序渐进，最终受益于国学。

由于考虑到"国学"博大精深，不知道学生是否可以理解其中蕴含的哲理，达到教育的效果，所以，学校决定先从语文校本课程的角度入手，利用每天早读时间，各班组织诵读，然后，在定期的主题班会进行体会交流时适当讲解。学生在"走进国学"的阶段对国学有了初步的了解。

在起初的诵读中，该校的教师们发现，其实《弟子规》当中的道德规范与学校《中学生日常行为规范》的要求有很多方面都不谋而合,而且,三字一句,易于记忆,贴近生活,对德育工作很多枯燥的说教起到了指导作用。于是,从德育教育方面,学校开展了"弟子规学习心得"的征文活动,该校还举办了书香节活动,组织了《弟子规》背诵比赛,让学生在诵读的同时谈理解,谈体会,体验国学。

经过走进国学、体验国学阶段的学习,学生已经对国学有了一定的认识。他们也发现,其实《弟子规》的每一句都是与生活息息相关的习惯养成,因此,在学习之后,学生可以亲身实践。学校也积极倡导,学生将良好的道德习惯及品格修养运用到生活中,变有意识行为为自觉的行为。通过在学校开展国学活动,让学生吸取儒家文化,努力传承儒家文明,引导学生树立正确的价值观、人生观,做一个道德高尚的人。

二、感悟经典 陶冶情操

经过初步尝试,该校目前加大了在教学中"国学"教育的分量,选择适合学生阅读的儒家经典如《三字经》《千家诗》《论语》《孟子》以及唐诗宋词中的名篇名句,开展古诗文诵读和书写诗词名句活动。

同时,该校还把"国学"教育与学校德育、行为养成教育、礼仪教育紧密结合起来,把儒家文化中的"八德"即仁、义、礼、智、孝、悌、忠、信,作为道德教育的基本内容和具体的评价指标,引用圣哲的智慧,教导学生,让学生从认知经典到感悟经典,陶冶了学生的性情,达到以诗文辅德、以诗文促雅,提升学生的文学修养、气质修养和人文素养的目的。

三、学生收获大

通过国学的学习,家长们发现了孩子们身上的变化。有一位家长向老师表示,让学生去理解、体会和实践"富贵不能淫,贫贱不能移,威武不能屈"好像不太容易,但是,学做"用人物,须明求""借人物,及时还"等这些具体修养事例就具体、容易得多。学校国学的学习,让孩子懂得了从身边小事做起、从一点一滴做起的道理。

该校七年级(3)班的孙菲同学也表示,学习了古诗词等,使得自己学习语文的能力、写作水平提高,在其中还学到了许多做人的道理。关子程同学告诉记者,自从学校开始学习"国学"以后,学校内充满了文化气息。对于不懂的地方,同学们会一起研究,如果还是搞不懂,他们就向老师请教。现在,她每天都会背诵2~3篇古诗词。

崂山十一中首届国学节活动内容

1. 橱窗设计:5月13日,由各班级执笔,书写《三字经》全文。

2. 倡议书"致家长的一封信":5月14日,由于校长执笔,倡议家长协助孩子践行《弟子规》,如给父母洗一次脚;给父母做一顿饭;帮父母做家务等,倡议家长协助孩子完成,并把活动情况反馈回来,签好字。

3. 举行七八年部硬笔书法比赛:5月16日,内容是书写《三字经》节选,要求七八年级学生全员参加,由校领导评选,分年部评选出一、二、三等奖,并予以表奖。

4. 举行七八年部经典诵读比赛:5月17日内容以《弟子规》为主。以班级为单位集体诵读《弟子规》部分内容(自己班级节选内容),每个班诵读时间在2分钟以内。

5. 举行七八年部征文比赛:5月12日母亲节,要求每位同学给自己的母亲写一封信,要求通过记叙曾经发生在你身上的真事,来表达自己对母亲的感激之情, 1000字以内。学校将评选优秀征文若干篇进行奖励。

6. 举行七八年部演讲比赛:5月21日,以"感恩"为主题,自拟题目,一千二字左右,时间不超过五分钟,要求以班为单位评选出一名选手,参加学校举行的演讲比赛。班主任督促本班选手于5月22日将演讲稿打印两份上交团委。

7. 举行一次"传承国学经典——孝悌"讲座。5月29日,由大洲箱包运动有限公司工会董建励主席主讲,主要围绕中学生如何尊敬师长、如何孝顺父母、如何遵守社会公德等方面。

8. 要求各班级 6 月初举办《我的中国梦》手抄报比赛,6 月 5 日前每班精选 5 份上交参评。

9. 每个班以《弟子规》中的某句或几句话为主题进行创作,以短剧、小品为表现形式,内容要健康向上。每班选送 1 个优秀短剧或小品参赛。参赛短剧或小品演员人数为全班总人数三分之二,节目不超过五分钟。6 月 10 日海选。

10. 6 月下旬父亲节前邀请父亲参加班级主题班会,畅谈父亲的点滴养育之恩。(各班举办"感恩父亲"主题班会)

11. 国学节期间要求每位同学完成孝心感恩作业:做一天家务(给父母洗衣服、炒个拿手菜、给父母做个小礼物等),通过此项作业来体会父母的不易,学会感恩父母,从而感恩社会。

12. 结合本届国学节,学校将于 6 月底评选"崂山十一中首届十大感恩小明星"。

通过开展"国学节"活动,我校的校风更好,学风更浓,教风更高,文明礼貌蔚然成风;学生中涌现出一大批读书积极分子,整个校园形成了浓厚的读书氛围。"传承国学经典"不是一次活动,更不是一次运动,而是一种浸润;在今后的工作中,将进一步传承中华经典文化,使国学经典活动在我校形成常态化、浸润式、重落实、有特色、求实效的良好局面,进一步深入推进国学经典活动新的起点。

青岛市崂山区第十一中学
2012 年 6 月

生命教育要弘扬和升华人的精神需要,并引领学生过有品位的精神生活。

——肖川

附录四:崂山十一中 2014-2015 学年度选修课统计表

序号	科目名称	任课教师	活动地点	备注
1	求知计划	袁 蕾	微机室	
2	校园心理游戏	王小丹	心理咨询室	
3	在兴趣中学习英语	常翠娟	七年级 4 班	
4	英语课外阅读	孙彩凤	七年级 1 班	
5	英语语言文化背景	陆娜 李艳	八年级 4 班	
6	十字绣	毕春苗、姜淑娟	七年级 2 班	
7	生活中的数学	阎立华	读书沙龙室	
8	趣味数学	周启艳	八年级 2 班	
9	生活中的历史	毕丽娜、李琳	研训室	
10	穴位按摩与健康	宋兆旭	七年级 3 班	
11	异域风情	李蓉荣	史地教室	
12	陶瓷制作	刘法德		
13	生物拓展性实验	杜小飞	生物实验室	
14	自然奥秘探索	刘菲菲	生物实验室	
15	日本动漫中的大和民族	张坤鹏	八年级 3 班	
16	沐古风,赏雅韵	刘富荣	集体备课室	
17	美文欣赏	李香兰	集体备课室	
18	绘画	张 倩	美术教室	
19	合唱	李孝海	音乐教室	
20	篮球	蓝传芬、张淇	篮球场地	
21	快乐乒乓	蓝正吉、张延君	乒乓球活动室	
22	硬笔书法	兰伟传	书法室	
23	中国象棋	宋兆林	第十教室	

附录五：首届感恩节学生征文（节选）

感恩父亲
七年级 3 班　孙燕

去年《爸爸去哪儿》这档节目的主题曲中有这样一句歌词：

我的家里，有个人很酷。

三头六臂，刀枪不入。

他的手掌，有一点粗。

牵着我学会了走路。

这让我想起我小的时候，我也曾幻想过我的爸爸是个"三头六臂、刀枪不入"的超人，不过随着年龄的增长，我明白了我的父亲只是一个很普通的人，但他却用他那不用言语表达的爱——牵着我学会了走"路"。

"跌倒"要勇敢爬起来！

记得小时候有一次，爸爸带我去超市买东西，在回来的路上，我不小心脚一滑，跌倒了，我忍着泪水，真期待爸爸能拉我一把。但他却对我说："跌倒了就要勇敢地爬起来，"我强忍着痛爬了起来。

长大了我才明白了，爸爸不仅是让我学会坚强，还告诉我人生的路如果遇到困难摔倒了也要勇敢地爬起来。我知道，我摔倒了，爸爸也会悄悄心痛。

最后的一口菜

还记得那时我上小学一年级，回到家里，妈妈已做好饭，我快速地收拾好桌子，摆好筷子，狼吞虎咽地吃了起来。有一盘我喜欢吃的凉菜，爸爸夹了几筷子，慢慢地那一盘菜快被我吃完的时候，我和爸爸同时夹到了那所剩无几的菜。爸爸迅速收回，亲切地说："你吃吧，我不喜欢吃"。我高兴地放到嘴里。后来，当我看《大耳朵图图》时，才明白爸爸是不舍得吃，让我吃。

或许直到今天，我才明白"父爱如山"这句话的真正含义，爸爸的爱犹如寒风中送来的一条围巾，包裹着我稚嫩的小脸；犹如雨中送来的一把小伞，呵护着我不被雨打湿；犹如雪中送来暖暖的水瓶，温暖着我冷冰的心灵……

可是这深沉的爱,让我拿什么来回报您。

只想对您说一句:"爸爸您辛苦了,爸爸我爱您!"

附录六：崂山十一中形象大使评选

崂山十一中首届学生"校园形象大使"

为了使学生养成良好的行为习惯，提高学生的道德水平，引导学生树立正确的价值观、审美观，发掘张扬学生身上平凡而又可贵的闪光点，普及学生日常行为规范，进一步推广文明形象、文明举止，发掘和弘扬学校精神，完善十一中人的文明标准和内涵，提高文明意识，形成以"讲文明，修德行"为荣的良好校园风尚，我校决定开展首届"校园形象大使"评选活动。

一、评选标准

1. 仪容仪表：身体健康、形象良好，着装整洁、得体、简约而不失时尚。

2. 言谈举止：语言流畅、清晰，举止大方优雅，动静皆宜，气质良好。

3. 道德情操：品德优秀，无不良习惯。

4. 知识内涵：知识丰富，成绩良好；有特长，有个性。

二、活动程序

活动分初赛、决赛两个环节。

1. 宣传阶段：5月3—6日。

2. 初选报名（5月9—11日）：采取自荐、各班推荐4名同学，男女各2名，报名者填写报名表并上交一张生活近照。

3. 初赛（5月13日）：根据材料由学生评委投票评出10位选手进入决赛，并通过张榜公示。

4. 决赛（5月16日）：10位选手根据出场介绍、才艺展示、综合素质（包括文化素质）测试三个方面的成绩，由评审团选出4名选手（男女各2名）作为校园形象大使；再选出男女各2名为校园形象大使提名奖。

三、比赛内容

1. 课件展示：限时3分钟（取得成绩、个人特长等）。

2. 自我简介：限时 2 分钟。

3. 才艺展示：根据自己的特长选择一种演奏、曲艺、唱歌、演讲、朗诵、武术、书法或绘画等项目现场展示，限时 2 分钟。

4. 文明礼仪常识问答（每生抽 2 道题）。

5. 文化素质测试（每位学生抽取 1 道题）。

要求：上台退台注重礼仪，举止得体，精神饱满，气质高雅，充分展示我校学生精神风貌。评委当场亮分点评，最终选出 4 名选手作为学校形象大使。

四、评审团组成

由老师和学生代表组成。

五、评奖办法

1. 评选产生的 4 名"校园形象大使"及 4 名提名奖将通过校园网及张榜公布；相关资料存档，并颁发荣誉证书和奖杯；

2. "校园形象大使"及提名奖将参与有关校事活动；

3. "校园形象大使"及提名奖将代表学校对外进行相关宣传。

政教处

2016 年 5 月 4 日

"校园形象大使"报名表

年　月　日

姓名		班级		贴照片
性别		年龄		
家庭住址				
取得成绩				
个人特长				
自我推荐理由				

班级 推荐 理由	
年级 分管领导 意见	

美好的种子是在少年时期播下的，一旦贻误，失去的将永远无法补救。

——苏霍姆林斯基

第四章

打造"五环"生活化、生命化高效课堂

　　课堂是"三生"教育理念也是素质教育落地的主阵地和主战场,是师生共同成长的生命场。我校为践行"三生"教育,打造生命在场的生活化、生命化的生本愉悦高效课堂,几经取经、实验和论证,形成了以"预习自学为基础、教师为主导、学生为主体、小组合作为主法、训练为主线、当堂消化为底线、三维目标齐达成为目标"的"学、议、教、练、思"(简称"五环")的教学模式,成效显著。

第一节　传统课堂教学的弊端

传统的课堂教学结构一直采用苏联的五段式教学模式,以知识传授为本位,老师讲学生听,课堂教学弊端很多,主要表现在以下三个方面。

第一,教师本位牢不可破。传统的课堂属于知识课堂,围绕着知识传授这个中心来展开。教师是传授知识的人,也自然而然成了知识课堂的主宰者。教学的关系。就是以教师为中心,教师是课堂的绝对主角,学生则是课堂的从属。教师满堂灌、学生被动听,教师问一句、学生答一句,教师不断板书、学生不停记笔记。双边活动彻底演变成了教师的单边活动。教师是课堂上绝对的权威,拥有绝对的权利,不准学生自由表达。学生完全丧失自主选择、自主学习的乐趣。课堂完全成了老师的自我表演,根本没有学生的生命成长。

第二,教学方法单一单调。传统的知识课堂,教学方法相对单一乏味。常用的教学方法主要是教师运用语言向学生讲授知识,如讲授法、谈话法、讨论法等。还有教师指导学生通过直观性感知获得知识和技能方法,例如理科教学较常用的演示法、实验法、参观法等。当然,也包括教师指导学生获取知识技能的方法,如练习法、读书指导法等。这些教法有个共同的特点,都是以牺牲学生的主体作用,忽略了学生原有的基础和个性需求,严重阻碍了学生生命的发展。课堂上,重在传授知识,不注重能力、品德、学法等的培养。

第三,形式单调,师生之间罕有效的互动。即便有师生之间的互动,也都是浅层次的互动,是在教师控制学生服从配合的情况下的单向性互动,流于形式主义。只有预设,难有生成。传统的知识课堂,教师紧紧围绕着自己的教案展开课堂教学。教师的作用被无限放大,学生的时空被一再压缩,教师完全成为课堂教学的独裁者,课堂的程序和步骤完全控制在老师手中。不允许学生有自由活动,自由表达的空间,害怕耽误时间,完不成自己教案所设计的教学任务。基本忽略了学生的个体差异性,忘记了每一个学生都是一个独特的生命。老师为了完成教学任务,只能在课堂上一刀切,去按部就班地讲述知识。以教案为本位的课堂教学,没有学生的学习过程,只有教师喋喋不休地讲授。课堂教学变得封闭、乏味、机械,缺乏生命气息,缺少生机活力。学生缺少主动性,课堂上不能自主发问,教师不能及时反馈信息,影响了课堂教学质量的提高,并且造成了学生课上"轻松",课下负担加重的恶性循环。

总之,原有的课堂教学模式,不能适应新课改及素质教育的要求,不能高效地将三维课程目标和核心素养落实到位。

把精神发展的主动权还给学生,让课堂焕发出生命活力。

——中国教育家 叶澜

第二节　生活化、生命化课堂的基本理念

中国著名教育家叶澜教授曾经提出"让课堂焕发生命的光彩",积极构建生命化课堂。生命化课堂,应该时时洋溢着人文的关怀和生命的活力。教师在课堂上要高度重视作为生命的主体——学生的智慧、能力、品格和生命价值的生成。

肖川教授主张,生命化课堂应该是洋溢生命温暖的课堂。他认为一堂好的课堂,必须具备以下几个必要的环节:第一,学习意义的明了;第二,必须有有效的反馈与强化;第三,必须有充分有效的课堂讨论;第四,必须有精彩务实的回顾和分享。他还认为,生命化课堂应该是开放的课堂。开放的课堂就是学生有着情绪上的安全感的课堂,开放的课堂必须重视学生实质性地参与教学过程,开放的课堂也必须关注学生真实的收获。他认为,洋溢着生命温暖的课堂是理想的生命课堂。洋溢着生命温暖的课堂,是让快乐主宰的课堂,是充满理智挑战的课堂,也是开放的课堂。

生命课堂的构建必须具备以下三个因素:第一,具有多元化的教学目标;第二,应具有动态化的教学过程;第三,要有民主化的教学氛围。

第三节　生活化、生命化课堂的教学策略

生命化、生活化课堂应以教师为主导，以学生为中心，贯彻"三生"教育的理念，关注学生核心素养的发展，尊重学生的自主性和个性差异，力争使每个生命都能得到适性、充分、全面的发展，使课堂真正成为学生生命成长的乐学堂。

（一）整合多元课堂教学目标

"三生"教育的综合性特点，决定了课堂教学不能仅以传授知识为唯一目的，而要促进学生在情感、态度、价值观等方面的全面发展。我们在制订每节课的教学目标时应注意以下因素。第一，依据学生现有的水平制订共同的目标和个人的目标。青少年的发展有一定的阶段性，既存在某些共同特征，也具有个体的差异。课堂教学目标的制订，既要凸显全体学生的发展，又要兼顾每个学生的发展。第二，教学目标的制订，既要考虑认知方面的目标，更要体现情感、态度等方面的目标。良好的课堂教学不仅应包括知识的掌握、能力的培养，更重要的是通过丰富的课堂教学发展学生的主体性，通过课堂中多样生活的体验来习得适应社会的基本技能。第三，教师要依据自身的能力和水平确立能够达到的教学目标。

（二）感悟教学内容的人文内涵

我们的教育目的不是单纯地传授课本知识，而是要把学生的创造力诱导出来，唤醒学生的生命意识和价值感。在教学中我们应做到以下几点。第一，加强书本知识与生活的联系。直面现实生活，关注学生在生活中的困惑和误区，提高课堂教学的针对性。第二，引导学生自己去感悟、体验。感悟、体验是人类一种重要的把握世界的方式。只有通过感悟，内化为人的知识，才有真正的价值，只有通过体验，才有可能达到心灵的震撼和情感的共鸣。所以教师应善于挖掘教学内容的人文意义、德育点，走进学生的心灵，引导学生积极体验，用心感受，用情感悟，师生在情与情的交融、心与心的碰撞中共同完成生命意义的创造和生命价值的提升。第三，加强课堂教学与社会生活的联系。让学生在生活实践中发现知识、应用知识，从而感受知识的价值，提升生命的价值。

（三）采用灵活多样的教学方法

"三生"高效课堂要求我们在教学中应针对不同的教学内容,采取不同的教学方法。

参考国内外进行生命教育的实践,常用的教学方法有以下几种。

1. 讲述法

讲述法属较传统的教学法,其优点是在理论阐述中可令学生对专业知识有系统的了解。讲述法的主要缺点仅仅是教师向学生讲述,是一种单向沟通。为提升学习兴趣,可配合照片、幻灯片等的使用,或是采用日常生活的案例或一些动人的故事配合理论讲述,以讨论来提高学生的学习兴趣。

2. 讨论及辩论法

讨论及辩论法属于多向沟通教学。教师可以选择主题或配合日常生活所发生之事项来讨论,即随机教学,教师可根据学生的讨论情况进行教学。

3. 体验教学法

体验教育作为一种教育方式,主要是指受教育者通过自己的感觉器官或是亲自参与实践,对外界事物或人进行了解、感受,而产生的情绪情感体验。体验方式有两种:一种是心理体验,另一种是实践体验。在"三生"教育的课程中,应多采用实践体验的方法,如角色扮演,让学生扮演不同的角色,能设身处地地为别人着想。教学活动可由教师和学生共同设计。

4. 实践教学法

在很多学科的教学目标中,常包含知识、技能与情感态度目标,而有关技能的目标常以实践教学法来落实。实践教学和体验教学是有差异的,如用脚夹笔写字,虽然也是活动,但这并不是实践教学,而属体验教学,因为这个活动的目的并不是培养学生学会此项技能,而是让学生体验用脚写字的感受。

5. 探索教学法

探索教学法主要是培养学生如何去学习,并找到所要探索的答案。其中,包括逻辑推理、资料收集、分析;也可以结合小组合作学习法,以小组团队的方式来解决问题。在进行生命意义的探讨,"我为什么活着""怎样活出人生价值"等问题采取探索教学法可以取到很好的效果。

6. 欣赏教学法

对"生命教育"内容的教学,以欣赏的方式进行效果最好,一般可采取电影文学及音乐美术等。欣赏教学之后,应对生命教育的主题,进行总结、讨论,这样教学效果才会突显。

7. 观察及参观法

通过参观现场,或者提供实物图片、幻灯片、视频等供学生观察,从观察中获得启发,得到正确观念,感悟其中的道理。使用观察法要注意:首先应明确观察的目的和任务,选择适合的观察实物或活动;还应指导学生如何观察、记录及整理观察所得资料。

(四)营造民主宽松的教学气氛

只有在轻松的氛围中,师生双方才能充分展开想象的翅膀,尽情地发挥自己的创造力,从而展现出一个充满生命活力的课堂。而融洽的师生关系是营造民主宽松的教学气氛的关键。"三生"高效课堂中,师生应该是一种民主、平等、尊重、对话、和谐的关系。在这种关系下,教师不再是高高在上的权威者和绝对的言说者,更多的是引导者和倾听者,教师和学生都以平等的人格,参与到教学活动中,进行着对话、交流与合作,探讨相同的问题,并在此过程中,共同体验获得知识、取得进步的快乐和心灵碰撞带来的喜悦。

总之,生活化、生命化的高效课堂,提倡教师对待学生,应该多一些鼓励,少一点责备;多一些尊重,少一点埋怨;多一些对话,少一点专制:使"三生"教育课堂成为唤醒学生生命意识和情怀的课堂。

第四节 "五环"生命化教学模式的具体实施

一、学（5～10分钟）

"学"指学生自学，一般包括学生看书和独立思考、检测自学效果这两个小环节。自学的形式多种多样，可以是看例题、读课本、看注释。

二、议（不低于5分钟）

"议"指小组讨论。这个环节一般包括更正和讨论两个小环节。学生就预习的成果进行展示后，就进行"议"。更正一般先请后进生更正，后进生更正了，再依次让中等生、较好的学生、好学生更正。学生更正时，教师要耐心等待，不轻易表态。

讨论时要尽可能让大家畅所欲言，必要时让大家争论。教师切不可一人回答了，不管对否，就迫不及待滔滔不绝地讲，以免学生不动脑，讨论流于形式。另外要一类问题一类问题地讨论，便于归纳。小组长要将本组内不懂、不会的知识记下来，请教老师。

三、教（一般15分钟）

教，不是指老师讲，而主要是指学生自学后"兵教兵""小对子教小对子"。经过更正、讨论，各抒己见，会的学生教不会的学生，即学生与学生互动，最后教师与学生互动，也就是教师补充、更正，帮助归纳、总结，使学生进一步加深对所学知识的理解，最终形成运用所学知识去分析问题、解决问题的能力。

老师的教，要注意以下几方面。

（1）明确教的内容。教的内容应该是学生自学后还不懂或不会的内容，对学生自学能掌握的知识点坚决不讲。

（2）明确教的形式。先每组代表站起来或上讲台讲，然后教师点拨总结并做出即时评价，并予以归纳、延伸。

（3）明确教的标准。教师不能就题论题，而是要诱导学生找出规律，授之以渔，并引导学生归纳提炼，落实本节课的重点、难点和易错点。

四、练（不低于10分钟）

练是指当堂完成课堂作业。课堂作业要低起点，分层次，循序渐进。练习的形式则是要求学生独立完成。检测每个学生是否当堂达到了教学目标,做到了"堂堂清",并引导学生通过练习把知识转化为解决实际问题的能力。

五、思(不低于 5 分钟)

思,也就是归纳总结环节。老师引导学生畅所欲言,谈一谈本节课的收获和困惑(可从知识与技能、过程与方法以及情感态度价值观方面,特别应从学科素养方面进行反思)。老师在补充的同时,对本堂课内容进行全方位的总结和拓展延伸。

倡导老师要在总结归纳时提出新问题,激发学生探索创新的强烈欲望,拓宽学生视野,拓展学生思维。还要充分挖掘本节课的德育因素,引导学生联系生活实际,教导学生学会做人做事,有效落实育人目标,由此及彼,由点到面,反思升华,促进每一个学生的全面发展,提升生命品质。

"五环"教学模式的五个环节,构成课堂教学的基本程序。顺序可以调整,各环节可以交叉多次呈现,但前提必须是先学后教,当堂巩固训练反馈矫正。教师运用时要掌握一个原则,就是全过程都要指导学生自学,教师的教应该是在学生学了以后,针对发现的问题而进行的,整堂课老师教、讲的时间原则上不能超过 20 分钟。但因学情不同,科目不同,课型等不同,教师必须灵活运用,不要生搬硬套。

这种以自学为前提,以导学案为载体,以小组合作学习为手段,以多元发展性评价为激励机制的教学模式,充分体现了让每个学生都动起来、课堂活起来、教学效果好起来、我的课堂我做主的教学理念。五环教学模式让我们的课堂重新迸发出生命活力,学生的学习成绩和生命质量都显著提高。生活化生命化课堂教学使学生学得愉悦精彩,教师教的出彩,达到了不唯中考、赢得中考的最终目标。我校作为一所非城区、非直属、毕业生仅占全区 8% 左右比例的学校,中考成绩稳步提升,位居全区前列。

先生的责任不在教,而在教学生学。教的法子必须根据学的法子。

——中国教育家 陶行知

附录一:班级激励护航"五环"教学模式实施

在学校实行"学、议、教、练、思"教学模式改革后,学生的自主能力在课堂上得到了极大的发展,在这种情况下如何既能保证班级管理的有序,又能发挥学生的自主性在班级管理中的优势,同时为课堂教学提供最大的保障呢?在学习借鉴山东省青岛第四十四中学、青岛市即墨区第二十八中学、潍坊广文中学、聊城杜朗口中学,以及我校其他班级管理的基础上,就班级激励管理办法进行了一些探索和实践。

一、小组管理、小对子管理与班级管理并行

(一)小组管理

班级学生 40 人左右,按照成绩,将全班学生分成 6 个分数段,每个分数段的 6 个人按"S"形划分到每个小组,每组排出 1~6 号,再考虑男女分配比例、行为习惯、课堂发言的积极性、各学科成绩优秀同学搭配、思想素养,进行同号之间的调整,达到各组平衡。

小组 1 号为组长,2 号为副组长,由两个组长互相协调,组织组内同学,负责组内学习、纪律、卫生及其他管理工作。每组推选记分员一名,一般为 5、6 号同学,负责记录"成长记录表"。

(二)小对子管理

组内 1、6 号同学,2、5 号同学,3、4 号同学结为互助小对子。小对子的座位相邻,在各方面互相帮助、共同提高。如课堂上围着黑板展示时,要求两人站在一起随时督促、帮助,课后学习优秀的同学要帮助其小对子学习过关,如英语、语文的背诵检查,数学题目的讲解等。

(三)班级管理

通过竞选产生班委会,班委会由班长负责,下设学习、纪律、卫生(劳动)、体育、宣传、文艺、生活等分管班长。

班长:负责班级的日常管理,主持每日和每周的班级总结。

学习班长:领导各科课代表,收发班级记事本,负责班级学习记分本的传递和分数的合计,班级日清周结时向班长汇报各小组学习得分。

纪律班长:以值周的形式,每周两人由全班轮值,负责检查出勤、课堂、课间纪律、心静二分钟、午休、自习课、校会纪律等。

宣传班长:负责班级各宣传栏的布置、每周明星照片的更换、书法作品的更换,检查各小组每周名言警句的书写。

二、各项评比措施及奖励办法

(一)小组评比

各小组的分数评比项目分为学习、纪律、体育、卫生四部分。每天放学前由班长主持总结。各项负责人向班长汇报各小组得分情况。将四部分的得分加起来,评出当天的最优小组和最需要努力的小组。每日由最需要努力的小组放学后打扫室内卫生,并开会反思。每周五将各小组五天的分数加起来作为周总分、评出周明星小组。在班级蓝色宣传栏张贴小组合照,给家长发"明星小组"的喜报,并把小组合照作为班级电脑的桌面。

(1)学习:这项分数记录在班级计分本上,每堂课由课代表负责记录分数,下课后画一条竖线表示这节课的计分结束,算出本节课各小组的得分写在竖线后并画圈圈出来,再将计分本传递到下节课的课代表手中。一天下来由学习委员将圈里面的分数加起来,计算出每个小组当日学习总分,并在总结时汇报给班长。

(2)纪律:记录在前门侧黑板,由值周纪律班长负责检查汇报。

(3)体育:由体育委员负责检查汇报。

(4)卫生:由卫生委员负责检查汇报。

各项无扣分的小组可加5分。

(二)个人与小对子的评比

"成长记录表"每周一张,由小组记分员负责记录本小组每天个人所有得分情况(一般是画正字记录),并计算出小组成员日总分、周总分、将小对子两人的个人分数加起来作为小对子得分。在总结时宣读分数、并对本小组表现最好的同学和最需要努力的同学进行点评。

根据"成长记录表"上记录的小对子和个人总分,评选出周明星小对子3对和明星组员6人。

三、教室的平面图

全班分为6～10个小组,6人小组采用小组围坐式的方式,4人小组前后位讨论即可。

黑板的分配:将教室中的所有黑板,平均分配给各个小组。黑板分配的原则是就近分配,目的是节约时间,同时方便各小组擦黑板及打扫承包区的卫生。

6人小组组内座位的安排:1号是组长坐中间,方便对全组的管理,两旁是4号和6号,对面是5号,5号的旁边是2号、3号。其中1号和6号,2号和5号,3号和4号为小对子。4人小组,1号是组长,1号和4号是小对子,2号和3号是小对子。

计分栏:侧黑板靠近前门的那一小块为班级计分栏,主要展示各小组本周的总得分和当天的得分。让组员随时明了自己小组的得分情况,时时激发学生的争先创优意识。

蓝色宣传板:黑板左侧为"学科小状元"栏,用来张贴语数外、理化政、史地生等各科学习优秀同学的照片,激励全班同学比学赶帮超。主黑板右侧为"周明星"栏,用来张贴每周的优胜小组、明星小对子、明星组员名单。

小小书法家:每周末由班级布置练字一张,周一评选出优秀作品展览,每周更换。

追梦行动:每个同学写出自己的理想、目标,贴于此处,当目标达成时,更换新的目标。

四、班级的三本本子

记事本:学生每人准备一本,记录当天的作业和班级布置的任务,小对子互相检查后签字,家长对照记事本检查孩子作业完成情况,逐项打钩并签字,家长需要和班主任交流的事情也可以写到本子上,由班主任每日批阅。

2. 周记本:学生每周写一篇周记,可以记录身边发生的事情,个人的想法,或者想和班主任说的话,班主任每周批阅。

3. 班级日志:全班轮写,每人一天,记录班级中每天发生的事情,有的同学语言幽默,有的同学借班级日志发表道歉启示,有的同学则用彩笔把班级日志装饰得非常漂亮。他已经成为我班争先抢阅的一本班级杂志。

浅谈小组合作管理探索中的几点体会

陈刚

班级管理离不开以下几个关键词:关注、反思、方法。

一、关注

一位名师的话对我启发太大了:学生最不能接受的并不是老师的惩罚,而是老师的漠视。的确,自己的孩子如果不关注他,都会感情淡漠,关系不融洽,何况是学生呢?所以,对学生的关注至关重要。担任班主任一个月的时间内,我尽量多和学生待在一起,便于观察了解学生,基本摸清了每个孩子的特点。

二、反思

班级里 40 个学生,单靠我这个班主任的力量想管理好他们,太难了,又该怎么办?

到底这个班级是我的,还是学生自己的?谁才是班集体的主人?班主任要扮演一个什么角色?(班主任就是一个引导者,领路人,是为学生的发展服务的。)

学生虽然是孩子,可也是一个有心理需求的人,他们渴望在集体中占据怎样的位置?谁是人才?谁只能是群众? (重用人才,善待群众。)

用什么手段把每一个学生的潜能发掘出来,让每个人在集体中有事可做,有责要负,找准自己的位置? (让每个学生感受到班集体缺"他"不可。)

三、方法

"小组合作管理+有效激励措施"。

1. 小组划分

第一阶段：四人一组，按学习成绩、高矮个、性别搭配，出现了很多不尽如人意的地方，有的学生学习基础太差，作业完不成，纪律也差，分到哪个小组都是拖油瓶，好学生让他们几个带坏了，怎么办？这些人学习不跟趟，渐渐地就会产生坏影响。用什么办法让他们不生是非？后来我把他们几个成立了一个特勤组，安排他们干班里最细致的活：擦黑板、倒垃圾、拖地，每天让他们闲不住，没有时间捣乱，经常评他们为劳动模范、责任明星，奖励他们本子，让他们感受到老师、同学的认同，找到在班级里的价值。

第二阶段：综合了学习、性格、潜力、特长等方面，将学生分成了九个小组，每小组四人，分为四类：A生为学习组长，B生为纪律组长，C生为卫生组长，D生为生活组长。学习好的当然是学习组长，好动的、个性强的当然是纪律组长，细心的、认真负责的当然是卫生组长，内向的、不活跃的是生活组长，各取所需，各负其责，人尽其才。在小组量化中主要从这四个方面来评价他们，每小组捆绑式管理，一荣俱荣，一损俱损。每周评出冠军榜、亚军榜、腾飞榜、个人明星并在教室里和走廊上展览公示，起到了良好的督促作用。

2. 奖励措施

精神奖励：学期末评三好学生、文明之星根据以上小组量化成绩，名额分配给前四名小组，第一名给三个名额，第二、三名两个名额，第四名一个名额。这样使一部分中下等学生也找到了自信，尝到了成功的喜悦，激发了他们的学习积极性，效果良好。为配合学校开展的各种活动，我又制定了评优干、团员、文体艺明星量化考核办法，给积极参加活动的、有才能的同学加分，综合学生、其他老师建议评出给班集体争光的优秀人才，调动了学生的积极性和主人翁意识。

物质奖励：感动班级十大人物奖学金。针对那些小组量化落后的优秀生，避免他们的积极性受挫而设,比如,学习级部前 20 名,学习进步大的,帮助他人进步大的,非常负责任的班干部、课代表、小组长等,全面促进学生的进步与发展。

　　总之,小组合作管理取得了成效,受到领导和老师们的一致赞同,今后工作又面临新的挑战,在语文课上,我反复实验,开始只要学生积极举手,勇于发言,得分就多,这样对那些不善发言的同学不公平,我就根据学生情况指名回答,不一定叫到谁,谁都有被叫到的时候,这样每个学生都不敢掉以轻心,课前认真准备,课后及时巩固,学生的学习主动性明显好转。

附录二:构建"三生"课堂实施"五环"教学模式课堂教学评价表

授课教师		课题			班级		
学科		授课时间		年 月 日	节次		第 节
课堂教学评价标准及要求(参考)						分值	得分
基本要求		教师讲授时间总计不超过25分钟,若超时,则该项不得分。				5	
学习目标		符合课程标准,知识能力要求、定位合理准确,切合学生实际 目标表述准确、具体、清晰,关注分层达成,体现"三生"教育				5	
教学内容		围绕教学目标,知识科学正确,难易轻重适度,符合教育规律				5	
		重点突出讲精,难点疑点讲清,深度广度挖透,技能情感发展				5	
五环模式	学 (5~10分钟)	1. 自学指导具体,时间、内容、方法、要求明确 2. 学生在教师的指导下独立完成预习任务,效率高				10	
	议 (不低于5分钟)	1. 问题设置恰当有度,学生的预习成果得到了有效展示 2. 小组讨论有实效,小组成员参与度高,合作意识强 3. 教师指导到位				10	
	教 (15分钟)	1. 体现先学后教,学生之间帮教主动积极 2. 教师点拨恰当、及时,针对性强,注重拓展和方法引领				15	
	练 (不低于10分钟)	1. 练习设计合理、难易适度,巩固及时,方式多,基本做到了堂堂清 2. 注重知识拓展迁移,提高学生解决实际问题的能力				15	
	思 (不低于5分钟)	1. 归纳总结有实效,帮助学生建立了知识、技能体系 2. 由课堂延伸到课外,联系生活实际,挖掘德育内容,丰富学生情感,落实育人目标,提升学生生命品质				10	
教师素质		流程合理紧凑,方法手段恰当,板书规范端正,课堂应变自如				5	
		仪表情态得体,语言准确精练,富有激情活力,尊重关爱生命				5	
教学效果		知识与技能要求得到落实,概念形成与规律建立过程得到体验,科学方法得到有效渗透,情感、态度与价值观得到提升;全体学生都积极参与,体现了先学后教,学生当堂巩固率达到90%以上				10	
课堂点评						总分	

浅谈我对小组合作的看法

宋兆旭

教书育人 20 多年,我最大的希望就是通过教师的引导让每个学生在初中三年对学习不厌倦、不放弃,每天有事可做,在学习、为人、处事等方面不断得到进步和发展,这其实也是教育的目的。

当班主任后,我最不愿意的就是在学生的管理上出现问题给各任课老师添麻烦,给学校管理带来困难,给学生的家长增添烦恼,同时也给自己带来各种不快。因此,我暗下决心要像对待自己的孩子一样,严格要求、真心爱护每一个学生,因此每天我尽量多跟学生待在一起,从他们的日常举动和表现中了解学生特点,不断反思,想方设法防微杜渐,把学生的不良表现和动向消灭在萌芽状态。碰到难缠的有能力的学生,我针对其特点有的委以重任,让其闲不住;有的特殊关爱,适当时候送给学生一本书,一个小礼物,一个精神鼓励;有的时候进行家访,如果发现是他的某个家长对学生有不好的影响就找他的家长交流,教给家长具体的办法,让家长起到良好的榜样作用,并与很多家长成为真心朋友。

后来在于校长的指导下,我决定尝试小组合作管理,让每个学生互相约束、互相监督,从而在班级中找到自己的位置,找到自己适合做的事,找到自信。我把学生分成四类:A 生为学习组长,B 生为纪律组长,C 生为卫生组长,D 生为生活组长,每个学生都是小组长,各取所需,各负其责,各尽其才。每小组捆绑式管理,一荣俱荣,一损俱损,并在期末各种评优、评先中严格按照量化细则兑现诺言,效果良好,特别是那些学习中下等学生看到了希望,只要自己不断地努力,也能得到老师和同学的认同和赏识,七年级四班需要各种各样的人,需要每个同学的共同维护。

上学期我就已经在语文课上实行小组合作比赛的形式,有些问题放手让学生自己静心思考,再在小组中交流探究,在课堂上展示,当堂加分。学生的语文学习兴趣有增无减,更加坚定了我尝试的步伐。学期初,我阅读了一些这方面的书籍,吸取了一些先进经验,天天反思琢磨;又恰逢山东省青岛第四十四中学的陈主任来校传经送宝,我又到山东省青岛第四十四中学现场听取了两节语文课,真是受益匪浅。

我发现我的问题就是平时在课堂上常常担心学生走弯路讲不完课，就着急起来，在某些重难点问题上没能充分让学生思考探究，便不管学生能不能接受，犹如一位担心误了播种时令的农夫，一股脑儿地牵着学生的鼻子，生拉硬拽地草草了事，根本不顾学生感受，这是多么可怕的事情。怪不得一到考试学生的真实水平往往与我的期望值低很多，学生才是学习的主人，当主人的竟然没有自主权、知情权、选择权，这是违背教育规律，违背学习规律，也充分说明我不懂学生，不懂教育。

有一次听课，韩老师只说了 10 句话左右，其余都是学生在思考，在交流，在展示，在讲解，在质疑，在补充。学生既是学者、听者，又是师者；老师既是听者，又是学者，偶尔还是引路人。这正是"亦生亦师，教学合一"，真乃教育的最佳境界，虽然这节课学生的表现不尽人意。

当然在获益匪浅的同时，我也发现了一些可以避免的不足之处，在以后的使用中扬长避短，就能找到一条适合自己的发展之路。比如，初一学生每篇课文问题的设置针对性一定要强，学案上的问题设置一定要精炼，注重培养学生能够一边读书一边理解知识，一边整理答案一边积累学法，做到举一反三，活学活用。

总之，教育教学就是一项不断反思、不断创新的伟大艺术，用心琢磨学生，用心研究教育教学方法，用心将学生的所有潜质发挥到极致就是成功的教育，也是教师摆脱教书匠之时。

给历史课一对放飞的羽翼

毕丽娜

尊敬的各位领导、老师：

上午好！今天我交流发言的题目是给历史课一对放飞的羽翼。

　　课堂是学校开展教育教学活动的主阵地。这个阵地应当蕴含多种养分,应当充满七色阳光,应当让各种"小鸟"自由飞翔、放声歌唱。但是传统课堂却把小鸟封闭起来,填鸭式教学让一只只"小鸟"消化不良,预设的一个个笼子让小鸟折断了翅膀,千篇一律的要求把小鸟克隆成一个模样。一只只"小鸟"痛苦地挣扎、呼唤。

　　实施开放课堂,放飞小鸟,让小鸟在五光十色的知识原野里吸取各种营养,让小鸟在自由的天空中展翅飞翔。

　　作为课改一线教师,通过多年的执教,我们深知"历史课堂必须改变课程实施过于强调接受学习,死记硬背的现状,引导学生主动参与、乐于探究、勤于动手、培养搜集处理信息的能力、获取新知的能力、分析和解决问题的能力,以及交流与合作的能力"。

　　通过教学方法的更新,促进学生学习方法的转变,达到培养学生自主学习和创新能力,做活我们的课堂是我们努力的方向。近几年来我们学校实验推行"学、议、教、练、思"的五环教学模式,我带领我们学校教研组成员积极进行试验和探讨,在逐步完善学校五环教学模式的基础上,逐步摸索出符合历史学科特点的教学模式,收到了较好的效果。下面我将我们的"五环"教学模式向大家做简单介绍。

第一环节:设疑导学,引领学生自主预习

　　"学"指学生自学,一般包括学生看书和独立思考、检测自学效果这两个小环节,学生带着思考问题在规定的时间内,自学相关的内容,完成检测性的练习。

　　自学内容:每节课下发历史章节导学案,学生结合导学案,明确学习目标,课题的重难点,结合自主学习思考题(填空或思维容量小的问题为主),边阅读课文,边划记要点。

　　自学目标:一般以个体学习为主,小组合作学习为辅,目的在于培养学生独立学习的习惯和独立解决问题的能力。通过自学、生生合作互动、师生互动等形式,学生基本达到解决字面障碍,理解基本内涵,解决基本问题,并对重点、难点问题进行初步探究。同时记下不明白或似是而非的问题,待后面合作学习时

解决。

自学反馈:放手给学生,学生交流预习情况,学生提问,学生解答;或爬黑板检测,学生订正等方式。这一环节中,老师不是清闲了,而是要对个别学生的个别问题进行知识或方法上的辅导。

第二环节:分组讨论,在交流与合作中解决问题。

这个环节一般包括更正和讨论两个小环节。学生就预习的成果进行展示后,就进行讨论。

(一)设计恰当的问题

问题的设计是课堂的核心,只有设计出有价值的问题,学生的讨论才有成效。那么在设计问题时应注意什么呢?

设计的问题应有可讨论性。需要讨论的问题一般是教材上没有明确答案,需要总结、概括或分析的。比如《春秋战国的纷争》一课中有一题:想一想,春秋时期,齐国和晋国能够迅速强大的共同原因是什么?这个问题学生需要在比较分析中得出结论。再如《"秦王扫六合"》一课中,可以讨论秦始皇为巩固统一采取了哪些措施。在解决这个问题时,学生需要将教材上的知识分析一遍才能得出结论。

设计的问题应有可深化性。有些问题看起来简单,但是经过讨论,可以使学生对知识的理解更深入。比如《大变革的时代》一课中有一题:《史记》记载,秦孝公死后,太子即位。守旧的贵族诬告商鞅"谋反",结果商鞅被处死。那么商鞅变法是成功了,还是失败了?为什么?学生们通过讨论这个问题不仅能知道商鞅变法的结果究竟是成功还是失败,而且还能深刻理解商鞅变法的影响,有些小组在讨论中还会涉及商鞅变法与奴隶主贵族之间的关系等等问题。结论只有几句话,但是在解决问题的过程中学生们掌握了很多。类似的还有辛亥革命究竟成功了还是失败了?抗日战争取得胜利的原因等。

设计问题不宜过多。刚实施"五环"教学模式时,我们组老师普遍反映一个问题,就是时间不够,总结原因发现,探究问题设计过多。一节课给学生设计

5～6个探究问题,学生要看书、思考之后才能开始讨论,要想讨论深入必须有充足的时间,每个学生都有发表自己观点的欲望,这样下来时间总是不够。因此,一定要控制问题的数量。如在讲《繁盛一时的隋朝》一课前,我们教研组集备时发现,这一课问题很多,仅在大运河一个知识点上即有以下问题:①隋炀帝为什么要开通大运河?②隋炀帝为什么能开通大运河?③古人评论大运河说"天下转漕,仰此一渠。"你能说出这句话是什么意思吗?再想一想,水运粮食在古代为什么重要?④隋朝开通大运河是好事还是坏事?⑤今天的运河和隋朝时期的大运河有什么区别?这么多问题若都让学生去讨论,这节课肯定是讲不完,学生也会很疲惫。所以我们教研组商量决定必须选择一下,第一个问题比较容易学生自己解决。第2和第4题与课本内容关系密切,可以深化,我们留在课堂讨论。第3和第5题可作为课外讨论题留在课后。一般来说,刚采用合作教学法时,一节课能解决2～3个题目,因为学生不熟悉,讨论得较浅,可是随着知识的增多,能力的提高,学生讨论的越来越深入,时间会更长,一节课只能集中解决1～2个问题。

问题的设计一定要合理确定难度。根据学生的知识水平和接受能力,处理好课堂教学的知识、能力目标和情感态度价值观目标,符合循序渐进的原则,将课本知识转化为由浅入深、由易到难呈阶梯形的思考题。由于课文内容是以问题方式呈现出来的,既易激发学生的求知欲,也便于学生把握重点,而且,由于教学过程变成了提出问题、阅读自学、解决问题的动态过程,这既符合学生的心理特点,也使学生一改"听众"角色,成为课堂学习的主人。

例如,在讲《左宗棠收复新疆》一课前,我们教研组集备时尝试设计了以下导学思考题:①新疆是从什么时间开始被谁一步步占领的?②清政府派谁收复新疆?他采用什么策略收复新疆?③伊犁被谁占领?通过什么方式收回?④为什么清政府一定要收回伊犁?你认为付出那么大代价值得吗?⑤你能用史实说明新疆自古以来就是中国的领土吗?⑥学了这一课,你最佩服谁?为什么?

以上问题,1～3最简单,学生通过看书即能找出,4～5稍有难度,需要结合地图和以前所学知识,动脑筋思考,6 题属于开放性问题,学生可以有自己独到的见解。通过这些导学思考题,不仅能指导学生认真看书,积极思考,而且有助于培养学生独立思考,从而形成自己独到的见解,成为知识的驾驭者。

(二)敢于放手让学生讨论

讨论时要尽可能让大家畅所欲言,必要时让大家争论,教师切不可一人回答了,不管对否,就迫不及待滔滔不绝地讲,以免学生不动脑,讨论流于形式。另外要一类问题一类问题地讨论,便于归纳。小组长要将本组内都不懂、不会的知识记下来,请教老师。"百家争鸣",激活思维。组内不同水平、不同思维的同学在小组内就某个难点或开放性问题发表不同的见解,使每个学生都有表达的机会,在语言的交流、思维的碰撞中,学生的综合能力得到提高,合作精神也得到了培养。

如宋兆旭老师在讲授《繁盛一时的隋朝》一课时,多媒体展示隋炀帝看琼花的四幅连环画,在导学思考题中设计思考题:隋炀帝巡游扬州是为了观看琼花吗?隋朝的灭亡真的是因为隋炀帝修大运河吗?由于这个问题带有探究性,就让学生分组讨论,然后再选小组代表发言。在分组活动中,学生的思维十分活跃,有的说,隋炀帝开凿大运河的目的就是为了贪恋江都的美景,搜刮江南的财富;有的说隋炀帝是为了耀兵江南、挖掉"王气",还有攻打高丽的目的;还有的说,隋炀帝为了促进南北经济的发展,来巩固自己的统治地位,经过争辩,学生统一了认识,觉得任何单一的评价都是失之偏颇的,隋朝大运河的工程是伟大的综合工程,其动机也是多种因素的综合,我们应该全面地看问题。看着学生们专注地讲解,开心地交流,淋漓尽致争辩,在那一刻我才深知老师就应该把课堂还给学生。

(三)把握恰当的点评

恰当的点评是对讨论成果的巩固,教师在点评时要注意以下内容。

语言简洁。答案应该由学生总结,按他们自己的思路进行。我们的任务不是回答问题,不应喧宾夺主。在学生的发言中我们可以指出知识性错误,但是对于与自己观点不同的答案不应否定。

肯定优点。这是我们的点评中不能缺少的。在学生的发言中教师一定要认真倾听,发现每个学生在思维上的闪光点,加以适当赞扬。赞扬不要过度,过于夸张的赞扬反而会适得其反。

选出优秀。我们不否定它们的答案,但是要选出相对更好的阐明理由。这样既能更好地解决问题又能提高学生参与的积极性。

及时跟踪检测。

通过一课的学习,大部分学生能掌握基本内容,有少部分掌握不好,即我们所说的"后进生""问题学生",防止他们掉队,对他们实行课时跟踪和单元跟踪。点起"后进生"求知的火焰,促进后进生加快前进步伐。

第三环节:亦生亦师,适时点拨,拓展思维

学生自学后"兵教兵""小对子教小对子",既是学生也是老师。会的学生教不会的学生,即学生与学生互动,最后教师与学生互动,也就是教师补充、更正,帮助归纳、总结,使学生进一步加深对所学知识的理解,最终形成运用所学知识去分析问题、解决问题的能力。

利用"兵教兵"的形式,尤其小组内优生对学困生的指点帮助,弥补了课堂授课的不足,协调了个体与群体的差异关系,有助于中下等学生成绩的提高。

老师的点拨要注意以下几方面。① 明确点拨的内容。点拨的内容应该是学生自学后还不能掌握的内容,即自学中暴露出来的主要的疑难问题或练习中的错误,对学生已经掌握的坚决不讲。② 明确点拨的方式。先每组代表站起来或上黑板前讲,后教师归纳点拨并做出评价,并予以更正、补充。③ 明确点拨的要求。教师不能就题讲题,而是要引导学生找出规律,导之以法,并帮助学生归纳,切实落实本节课的重点、难点、关键点和易错点。

第四环节:当堂训练,及时反馈,评价激励

练是指当堂完成课堂作业。课堂作业要低起点,分层次,循序渐进。练习的形式则是要求学生独立完成。检测每个学生是否当堂达到了教学目标,做到

了"堂堂清",并引导学生通过练习把知识转化为解决实际问题的能力。建议每小组2号或3号学生到黑板上做。这一步不少于10分钟。通过对学生的训练,对学生所学知识及时进行巩固反馈,并加以评价,激励学生。也便于教师发现问题,查漏补缺,对某些问题做进一步强调。这样既提高了课堂效率,又减轻了学生的课外负担。

第五环节:归纳总结,完善体系,学以致用,提升能力

"思"也就是归纳总结环节,是学生在经历前四环学习指导后,巩固学习兴趣,发展未来学习道路的"加油站"。老师引导学生畅所欲言,谈一谈本节课的收获(可从知识与技能方面或过程与方法或情感态度价值观方面),老师在补充的同时,对本堂课内容进行总结和回顾,帮助学生逐步建立一个完整的知识、技能体系,使学生能清楚地掌握所学内容。

在总结归纳时提出新的问题,留下悬念,激发学生探索创新的欲望,把总结归纳作为联系课堂内外的纽带,拓宽学生视野,拓展学生思维,由此及彼,由点到面,促进每一个学生的全面发展。

这一环节是一节课的点睛之笔,学习历史的根本目的在于借鉴,教师应该培养学生联系现实,关注未来。既活学活用了本课知识,又极大地调动了学生学习的积极性。每学习一节历史课,教师都要至少出一道开放题联系现实,关注未来。

例如,在学习《第一次世界大战》时,教授完基础知识,我展示了这样一张幻灯片,引导学生朗读,回答,然后过渡到"历史感悟:铸剑为犁应有日"的环节。

结合联合国总部花园中放的"铸剑为犁"雕像,提出问题:请同学们谈一谈,你对"铸剑为犁应有日"的理解。(学生畅述自己的理解,个别学生知识面广泛,理解得非常到位。)

教师总结:在联合国总部前,"铸剑为犁"的雕像已矗立了60多个春秋。可是和平的钟声并未向全世界渴望和平的人们敲起,战火和死亡仍然时时践踏周围公理和正义。同学们,在21世纪的社会,你还了解哪些不和谐的音符存在？你认为应该怎样解决？除了战争带来的不和谐,社会上还有哪些不和谐的因素?

在这一部分的处理中,引导着学生将历史与政治整合起来,谈到关于战争、灾难、恐怖袭击事件、海盗事件、政变、环境污染、食品问题等不和谐的因素存在,并谈出自己的解决方法。

为促进感情升华,教师继续设问:同学们谈了很多社会中的不和谐,这些事件有的令我们汗颜;有的令我们痛心;有的令我们扼腕。当然,我们的世界还是一个充满"爱"的世界,世界上还有许多让我们感动的事件存在的。请同学们说一说,你都了解哪一些?引导学生发现、感受社会的美好,形成正确的人生观、价值观,为构建和谐中国、和谐社会做出自己应有的努力。

最后设置"畅所欲言":以"铸剑为犁应有日"为题,写小作文,阐述出自己对战争与和平的认识,发出自己的倡议。

总之,在"五环"自主学习课堂教学模式中,通过教师步步引导,学生变被动听为主动学,变被动思考为主动质疑,变单纯知识学习为知识能力的相结合,变个体学习为个人小组合作学习相结合。因此,它一改传统教学中学生机械被动地位,将课堂还给学生,让学生成为课堂的主人,在紧张与快乐中享受学习与探索的乐趣,从而使枯燥的历史课变得生动活泼,焕发了新的生机,取得了课堂的高效。

愿我们的智慧和努力,给历史课一对放飞的羽翼!

不当之处,请大家批评指正。

以生命教育的眼光发掘学科中生命教育的精神元素,并使课堂充满生命的情怀与律动,打造生命课堂,是生命教育在学校中落实的重要途径。

——肖川

附录三:崂山十一中倡导的高效(长效)课堂理念

课堂应该是:师生互动心灵对话的时空

师生唤醒各自潜能的时空

师生共同创造奇迹的时空

课堂应该是:

面向每一颗心灵敞开温情的怀抱

点燃每一位学生思想智慧的火把

情感态度价值观激情迸发的舞台

课堂最显眼的标志应该是:

平等、民主、安全、愉悦

理想的课堂应该是:

焕发出生命活力的课堂

理想的生命化高效愉悦课堂应具备:

参与度高,亲和度强

自由度大,整合度实

练习度精,延展度长

崂山 11 中生命化高效(长效)课堂的十条标准:

教学目标明确重点突出

课堂指令清晰气氛活跃

充分合理利用课程资源

能让学生感到终身受益

思维量信息量延伸量大

学生个体表现体验成功

科学合理创设教学情境

提供当堂训练当堂反馈

能解决学生个性化问题

能响起笑声掌声喝彩声

参考文献

[1] 佚名．实意育人，"三生相伴"——山东省青岛市崂山区第十一中学 [J]．青少年日记，2012（5）．

[2] 马晓燕．初中物理课如何开展生命生存和生活教育 [J]．好家长，2017（30）．

[3] 罗崇敏．关于现代教育价值建设问题的思考 [J]．课程教材教学研究（教育研究），2010（13-14）．

[4] 李福源，谭泽飞，李田伟．三生教育对大学生就业的影响 [J]．[1] 西南林学院，2009．

[5] 韦茜．关注心理健康 改进德育工作 [J]．社科与经济信息，2001（2）．

[6] 刘金双．本土少儿科普书的突围策略 [J]．出版广角，2010（8）．

[7] 孙大宏．陶行知学校管理思想及现实价值研究 [D]．南京：南京师范大学，2011．

[8] 徐莹晖．陶行知政治现代化思想探析 [J]．南京晓庄学院学报，2013（1）．

[9] 曾素林．论实践教育 [D]．武汉华中师范大学，2013．

[10] 梁爱蕴．生命教育视角下高校思想政治理论课实效性探析 [J]．内蒙古农业大学学报（社会科学版），2015，17（1）．

[11] 赖曼珍．台湾高中生命教育实施观感 [J]．广东教育（综合版），2016（7）．

[12] 肖卫群．论生命化语文课堂教学的建构 [D]．长沙：湖南师范大学，2006．

[13] 郭平．生命教育——学校德育的永恒主题 [J]．教育导刊，2008（5）．

[14] 汤云珠．高职院校学生生命价值观教育探论 [J]．安徽职业技术学院学报，2014，13（1）．

[15] 黄渊基．生命教育的缘起和演进 [J]．求索，2014（8）．

[16] 燕利霞．高中生命道德教育现状的调查研究——以河南省济源市普通高

中为例［D］．兰州西北师范大学，2013.

［17］孟蕾．生命教育类绘本的阅读教学研究：基于杭州市 Z 幼儿园的个案分析［D］．杭州：杭州师范大学，2016.

［18］肖川．理解"教育"的关键词［J］．山西教育（教育管理），2007（7）．

［19］刘慧．让生命回到教育的主场［J］．人民教育，2020（7）．

［20］杨桂青，赖配根．朱小曼和情感教育［J］．人民教育，2020（17）．

［21］郑晓江．"三生教育"的核心问题及其解决方法——以教师的专业素质为中心［J］．课程教材教学研究（教育研究），2012（3-4）．

［22］王欣瑜．生活与教育的涵义及其辩证关系［D］．呼和浩特：内蒙古师范大学，2006.

［23］谢虎成，曾哲．基于培养学生核心素养的校本课程开发与实施［J］．广东教育（高中版），2016（10）．

［24］陈红媛，李德良．高职院校大学生"三生教育"的现状、意义及对策［J］．教育与职业，2013（23）．

［25］张英．试论高校三生教育师资队伍建设［J］．科学与财富，2010（10）．

［26］吴明国．吸收文化营养 滋润美丽花朵［J］．新班主任，2017（12）．

［27］蔡明．生态课堂从关怀生命出发［J］．教育研究与评论（中学教育教学），2011（5）．

［28］肖军辉．让语文课堂激情飞扬［J］．考试，2015（15）．

［29］方海华，黄振华．家校携手为成长护航［J］．教育家，2015（10）．

［30］郑晓江．生命教育的概念、内容和原则［J］．中国德育，2007（3）．

［31］杨松慧，刘云．"三生教育"与和谐校园建设初探［J］．中国科技纵横，2010（24）．

［32］徐海滨．青岛市市北区学校精细化管理的研究［D］．济南山东师范大学，2006.

［33］江晓峰．实施精细化管理助推学校和谐发展［J］．吉林教育（综合）2012

（11-8）.

[34] 宋继红．以精细化管理促高职学院内涵式发展 [J]．时代教育（教育教学版），2008（3）.

[35] 宋振华．对学校精细化管理的认识及感想——赴陇东学院培训学习心得体会 [J]．课外语文，2015（4）.

[36] 邢志刚．细节决定成败——学校如何实施精细化管理 [J]．吉林教育时代教育（教育教学版）2008（3），2009（1-2）.

[37] 周济龙．优化课堂教学过程 促进学科均衡发展 [N]．郴州日报 2018-12-10（4）.

[38] 胡思宝．浅谈教学管理中的几个问题 [J]．中小学校长，2010（12）.

[39] 彭彩霞．解读"课程"：从既定的跑道到权力的竞技场 [J]．当代教育科学，2010（5）.

[40] 罗崇敏．让教育的意义深刻起来——以"三生教育"推进学生的全面发展 [J]．人民教育，2010（8）.

[41] 罗崇敏．全面实施"三生教育" 建设现代教育价值体系 [J]．昆明学院学报，2009，31（1）.

[42] 使人成为有价值的"人"——走进云南"三生教育" [J]．中国西部，2012（6）.

[43] 孟繁茹．新时期大学生生命价值观教育研究 [D]．重庆：重庆理工大学，2013.

[44] 高洪．研究是加强中小学德育的基础性工作 [J] 小学德育，2007（24）.

[45] 陈小娅．育人为本德育为先——在北京市中小学德育工作会议上的讲话 [J]．中国德育，2007（12）.

[46] 蔡杰．以科学发展观为指导深入开展"三生教育" [J]．[1] 云南教育（视界），2008（1）.

[47] 张宁．学校中的生命教育 [J]．牡丹江教育学院学报，2007（15）.

[48] 刘淑云,何海玲.生存教育:素质教育的重要内容 [J].新余高专学报,2003,8(3).

[49] 郑晓江.青少年自杀及暴力现象的生死哲学透视 [J].中国德育,2007(5).

[50] 严玉林."仁以养性,礼以修身"的德育探索 [J].中国德育,2007(3).

[51] 梁津.突破边境文化落后地区教育瓶颈——校园文化建设的实践与构思 [G]//广西教育学会贯彻"十七大"精神建设先进校园文化——广西首届校园文化建设论论坛文集,南宁:广西教育学会,2007.

[52] 张清宇.温州市实验小学德育中实施生命教育的实践研究 [D].延吉:延边大学,2011.

[53] 周小桃.生命教育视角下的小学德育主题活动实践探究 [D].银川:宁夏大学,2016.

[54] 郝栩.社区民生新闻存在的问题与对策 [D].长春:东北师范大学,2013.

[55] 龚浩理.谈谈国学教育在学校德育中的作用 [J].读与写(教育教学刊),2010,7(3).

[56] 向容.传统文化在课堂中的渗透 [J].语数外学习(高中语文数学),2014(1).

[57] 任爱玲.《我的呼吁》课堂实录 [J].中学语文(大语文论坛),2007(9).

[58] 卢黎明.创建师生互动式课堂教学培养高素质创新人才 [J].华东交通大学学报,2006,23(文理综合).

[59] 杨仲东.数学课堂教学结构改革中的实验与研究 [J].考试(教研),2009(5).

[60] 朱启涛.初中"三生教育"教学内容及教学方法 [J].课程教材与教学研究(教育研究),2010(1-2).

[61] 朱启涛.初中一年级《生命·生存·生活》教材(第四版)分析及教学建议 [J].课程教材与教学研究(教育研究),2011(2-3).

[62] 李巧平．论生命课堂——理论的探讨与现实的思考 [D]．长沙：湖南师范大学，2006．

[63] 席学荣．马克思主义的生命价值观 [J]．课程教材教学研究（教育研究），2010（1-2）．

[64] 佚名．"三生教育"再获佳绩 [J]．课程教材教学研究（教育研究）2011（2-3）．

[65] 黄炳锋．基于选拔的数学素养考查研究 [J]．福建中学数学，2011（1）．

[66] 任勇．有梦的教育更精彩——我荐我的《走向卓越：为什么不？》[J]．福建教育（中学版），2011（3）．

[67] 李承容．初中数学课堂作业多元化设计的策略研究 [D]．贵阳：贵州师范大学，2017．

[68] 高仰峰．学案导学课堂教学改革的实践与思考——以甘州区梁家墩镇中心学校 [J]．文教资料，2013（13）．

[69] 张郁．学永威打造高效课堂 [J]．神州，2013（7下旬）．

[70] 倪健．浅谈"先学后教，当堂训练"教学法的设想与操练 [J]．文理导航（教育研究与实践），2017（8）．

[71] 魏建武，杨虎成，安育春．"四五六"高效课堂教学模式的实践研究 [J]．甘肃教育，2015（18）．

[72] 顾东臣．"亦生亦师"教育观下的班级管理问题与对策研究——以青岛市S中学为例 [D]．济南：山东师范大学，2012．

[73] 解洁雯．初中小班教学管理的研究——以青岛市某中学为例 [D]．济南：山东师范大学，2013．